내가
생각하는
내가

진짜
나일까?

내가
생각하는
내가

진짜
나일까?

게오르크 롤로스 지음

유영미 옮김

🌱 나무생각

차례

들어가며

30대 초반에 나는 상당히 우울했다. 부정적인 감정들이 여러 해에 걸쳐 나의 일상을 갉아먹고 있었다. 두려움과 열등감에 시달린 나머지, 끝없이 달리는 무서운 유령 열차를 탄 어린아이와 같은 심정이었다. 늘 같은 걱정이 머릿속을 쉴 새 없이 맴돌았으며, 언제쯤이면 이런 상태에서 벗어날 수 있을지 답답하기만 했다. 하지만 감정적으로 힘들 때 어떻게 해야 하는지를 나는 학교나 집에서 배우지 못했다. 그랬기에 어느 순간, 명상 센터 같은 곳에 들어가 배워보는 것이 좋겠다는 생각이 들었다. 틱낫한 스님의 명상 공동체 플럼 빌리지Plum Village에 들어간 것도 그 때문이다.

200년 전쯤부터 우리는 위생이 건강과 수명, 삶의 질에 얼마나 중요한지를 알고 있다. 그래서 이를 닦고, 몸을 씻고, 집안을 청소하고, 물건을 소독한다. 그렇다면 우리의 내면 상태는 어떤가? 온종일 우리의 머리와 마음에서 무슨 일이 일어나고 있는가? 걱정, 두려움, 분노, 죄책감, 미움, 탐욕이 적잖이 활개를 치고 있지는 않은가? 그럼에도 우리 대부분은 내면을 정리하고 건강하게 유지하려는 노력을 하지 않는다.

이로 인해 개인과 사회가 겪는 후유증은 만만치 않다. 번아웃, 고혈압, 위궤양, 이명, 중독, 우울증을 비롯한 많은 증상이 내면 상태와 무관하지 않게 나타난다. 스스로를 잘 돌보지 않으면 개인뿐 아니라, 온 사회가 큰 대가를 치르게 되는 것이다.

우리는 때때로 마음이 심란하고 불안한 걸 당연하게 받아들이며 산다. 그것이 우리의 내면 상태에 영향을 끼칠 수 있다는 생각을 별로 하지 않는다. 그리고 어떤 내면 상태로 살아갈지를 우연에 내맡기다시피 한다. 일상을 돌아보라. 의식을 깨끗하게 하는 것보다 깨끗한 옷을 입는 것에 훨씬 더 비중을 두고 있지 않은가? 티셔츠에 얼룩이 묻으면 보통은 곧장 손을 본다. 아침에 커피 얼룩이 묻은 셔츠를 입고 집을 나서지는 않을 것이다. 하지만 두려움이나 걱정이나 분노는 어떠한가? 상관없다. 우리는 그것들을 가득 품은 채 세상으로 나간다!

우리는 씻지 않아 지저분한 상태로는 좋은 모습을 보여줄 수 없다고 생각한다. 그런데 내면도 마찬가지다. 내면을 깨끗하게 유지하지 않는다면 장기적으로 행복할 수가 없다. 성별, 직업을 막론하고 모든 사람이 마찬가지다. 자신의 힘든 내면 상태를 알아차리지 못하고, 변화시키는 법을 배우지 못한다면, 우선은 스스로가 괴롭고, 그다음으로 주변 사람들까지 힘들게 만든다.

우리 중 많은 사람들이 물질적인 것으로 이런 상태를 좀 누그러뜨리고자 한다. 그리하여 더 많이 소유하고, 더 많이 소비하려고 한다. 더 많은 돈, 권력, 섹스, 사랑, 성공, 인정, 이벤트, 체험을 원한다. 그러나 독자들도 알다시피 이런 것들은 내면 상태에 지속적으로 긍정적인 영향력을 발휘하지 못한다. 잠시 경감 효과를 내는 진정제에 불과할 뿐이다. 효과가 짧으므로 이런 수단으로 마음을 달래려면 계속해서 다음 후보들을 찾아다닐 수밖에 없다.

또한 감정 상태가 좌우하는 것이 개인의 행복만은 아니다. 온갖 사회적 갈등과 폭력, 절도, 테러, 탐욕도 감정에서 비롯한다. 모든 인간관계, 공동체 생활, 국가 간의 관계도 결국 내면 상태에 좌우된다. 환경을 파괴하고 사람과 동물을 착취하는 행동도, 맞지 않는 직업을 택하거나, 맞지 않는 사람과 동행하는 것도, 사람을 학대하거나 국제 관계를 악화시키는 결정도 요동하는 생각과 감정을 잘 다룰 줄 모르는 데서 비롯한다. 모든 종교가 추구하고 설교하는 평화, 사랑, 공감, 화목은 지구상에서 점점 찾아보기 힘든 덕목이 되어가고 있다. 하지만 삶 속에서 평화와 사랑과 공감을 구현하는 것은 중요하며, 이를 통해 사람들은 내면의 조화와 삶의 만족을 경험할 수 있다.

나는 20년 전쯤에 프랑스의 플럼 빌리지에 들어갔고 그곳에서 3년을 지냈다. 거기 들어가기 전 나는 열등감과 불안, 외로움으로 점철된 삶을 살고 있었다. 나는 도무지 사랑받을 만한 사람이 못 된다며 스스로를 비하하는 내면의 목소리에 압도되어 살았다. 하지만 명상 공동체에서 지내는 동안 마음 챙김을 통해 나의 생각과 감정을 관찰하고 조절할 줄 알게 되었으며, 차츰 나 자신을 있는 그대로 받아들이고 사랑의 시선으로 바라볼 수 있게 되었다. 예전에는 상상할 수 없었던 일이다.

명상 공동체를 떠나면서 나는 내면을 살피고 돌보는 지혜를 다른 사람들에게도 전해주고 싶은 열망을 느꼈다. 그리하여 지금은 다른 사람들도 나처럼 자신의 내면을 관찰하고 보살필 수 있도록 상담과 치유 훈련을 하고 있다. 그런 과정에서 사람들이 토로하는 말들이 비슷비슷하다는 걸 깨닫게 되었다. 서로 다른 사람들이 거의 한목소리로 이야기를 했다. 이런 경험을 통해 나는 사람들을 힘들게 하는 대표적 감정들을 분류하기 시작했고, 그 종류가 생각보다 많지 않음을 깨달았다. 이런 과정에서 걸러낸 10가지 의식 상태를 이 책에 소개하고자 한다.

감사하게도 나와 함께 작업했던 사람들이 이 책을 위해 자신의 경험을 나누어주었다. 나는 약 40명의 사람들을 대상으로 그들이 경험해온 어려운 감정 상태에 대해 인터뷰를 했고, 나의 경험과 그들의 이야기가 이 책에 녹아들었다.

이 책에서는 정신병리에 해당하는 경우나 약물에 의한 의식 변화 같은 것은 다루지 않는다. 대신에 만인이 아는 보편적 감정을 다룬다. 이미 자신의 감정을 적절히 돌볼 줄 알게 된 사람들이 자신의 옛 감정과 거리를 두고 반추하며 들려주는 이야기는 독자들에게 자아의 10가지 의식 상태를 생생하게 느낄 수 있도록 도와줄 것이다.

이 책은 실용적인 가이드로 활용할 수 있게끔 되어 있다. 문제성 있는 내면 상태를 깨달을 수 있는 진단 도구인 동시에 그런 내면 상태를 극복할 수 있는 길잡이로 활용되었으면 좋겠다.

이 책을 읽으며 자신에게 와닿는 제안들을 실행해보라. 텍스트 중에 이탤릭체로 표시해 놓은 것은 그때마다 실제적인 연습을 권유하기 위함이다. 그 순간에 새롭게 마음을 정돈해보라. 가령 *긴장 풀기, 지금 여기*, 또는 *관찰*이라고 써 있으면 책을 읽으며 그 순간 시간을 내어 긴장을 풀거나, 지금 여기로 돌아오거나, 자신의 상태를 관찰하면 된다.

자신의 고통스런 상태를 객관적으로 관찰할수록 그 상태와 거리를 두기가 쉬워진다. 내면의 상태와 거리를 두면, 그 상태로 말미암은 불안과 초조가 누그러든다. 이제 당신은 유령이 마분지 인형에 의상을 입혀 만들어진 가짜 현실임을 알게 된다.

내가 생각하는 내가 진짜 나일까?

그럼에도 때때로 기겁할 수 있다. 그러나 그럴 때마다 유령이 '현실'이 아님을 자각하고, 가짜 현실에서 해방되어 자유와 평화를 누릴 수 있다.

나의 스승 틱낫한은 우리 각자에게 내면의 평화가 있어야만 세상에 평화가 올 수 있다고 말한다. 내면의 전쟁을 끝내지 않는 한, 바깥세상에도 평화는 깃들지 않는다. 출발점은 늘 우리 각 사람이다. 각자가 자신의 마음을 돌보지 않으면 세상은 희망이 없다. 자신과 주변 사람들, 동식물, 지구 자체를 존중과 공감의 시선으로 대할 때, 세상은 더욱더 평화롭고 정의로운 곳이 될 것이다. 전쟁이냐 평화냐, 착취냐 연대냐, 그 모든 것은 우리의 의식에서 시작되고 의식에서 끝난다.

주의와 믿음

인간의 본성에 대해 더 많은 이해가 필요합니다.

우리에게 존재하는 유일한 위험은 인간 자체입니다.

우리는 인간에 대해 아무것도 모릅니다.

아는 것이 너무 적습니다.

인간의 의식을 연구해야 합니다.

우리가 모든 악의 근원이기 때문입니다.

_칼 구스타프 융, 1959년의 인터뷰[1]>

"아, 너 또 그 상태야? 또 5분이 필요해?"

어릴 적에 작은 일로 뾰로통해져서 내 방으로 들어갈라치면 엄마는 늘 이렇게 말했다. 화가 나서 마구 악을 쓰며 거실을 왔다 갔다 할 때도 엄마는 "아, 너 또 그 상태야?"라고 물었다.

엄마가 그렇게 물을 때마다 나는 잠시 멈칫해서 엄마가 왜 그렇게 묻는지 가늠해보았다. 엄마가 나의 뭘 보고 그러는지… 지금 생각해보면 바로 그 순간 나는 '그 상태'에서 벗어나 바깥에서 나를 바라본 듯하다. 때로 이런 외부의 시선을 통해 내 태도가 약간 달라지기도 했다. 약간 잠잠하고 편안해지기도 한 것이다. 보통은 이렇게 멈칫하며 관찰하는 시간은 오래가지 않았고, 잠시 후 계속해서 악을 쓰고 쿵쾅거리며 집안을 돌아다녔다. 하지만 나는 엄마가 내게서 주목한 이런 '상태'가 특별하다는 걸 감지했다. 그리고 아이들만 이런 감정 상태를 지적받는 것 같아서, 어른들은 그런 '상태'가 되는 일이 없는 줄 알았다. 하지만 나이를 먹어가면서 결코 그렇지 않다는 걸 알았다.

우리의 감정 상태는 의식 속에서 일어난다. '의식'이라는 개념은 철학, 신경학, 심리학, 종교학 등에서 조금씩 다르게 사용되는데, 통일된 정의는 없다. 이 책에서 의식이라는 개념은 모든 것을 지각하는, 우리 안의 지적인 영역을 의미한다. 그것은 생명 에너지의 핵심이며, 진정한 자아다. 우리는 이 영역으로 소리, 이미지 같은 감각적 인상 및 감정과 생각을 지각하며, 모든 메시지를 받아들이고 판단한다. 매 순간 많은 정보와 자극들이 주어진다. 가령 시내를 누빌 때면 수많은 감각적 인상들이 우리의 지각 영역에 도달한다. 그러나 우리의 주의력은 그중 몇몇의 것에만 향할 수 있다. 갑자기 고막을 뚫고 들어오는 자동차 경적 소리는 현재 내가 앉아 있는 카페의 종업원이 우유 거품을 내는 소리보다 주의를 끈다.

주의가 향하는 곳에서 우리의 현실이 만들어진다. 주의는 우리가 지금 여기에서 받아들이는 관점을 결정한다. 우리 집에 놀러온 친구는 꽃병에 꽂아둔 꽃을 볼 수도 있고, 구석의 먼지를 볼 수도 있다. 친구가 어디를 보느냐에 따라, 즉 어떤 관점을 취하느냐에 따라 다른 현실을 경험하고 우리를 다른 눈으로 보게 된다. 그러나 주의를 어디에 기울일지를 결정하는 것은 대부분 우리 자신이 아니다. 우리의 주의는 이리저리 마구잡이로 부유하며, 어떤 생각을 쫓는다. 이미 알고 있는 것, 훈련된 것, 조건 지워진 것이 우리의 주의에 영향을 미친다. 잘 돌아가지 않는 것이 무엇인지에 초점을 맞추는 습관이 있다면, 잘 돌아가는 것보다는 잘 안 돌아가는 것에 시선이 간다. 그리하여 꽃이 아니라 쓰레기를 볼 것이다.

지각에 도달하는 감각적 인상을 평가하기 위해 보통은 한 가지 도구가 개입한다. 바로 이성이다. 이성은 의식 속의 장소이며, 모든 사고 과정이 일어나는 곳이다. 이성은 모든 것을 정리하고 분류한다. 위험을 환기하고 문제에 대한 해결책도 제공한다. 그러면 우리는 이성의 제안을 따를 것인지, 따르지 않을지를 결정한다. 이성은 때를 가리지 않고 새로운 생각들을 만들어 내 의식 속으로 보낸다. 이런 과정을 주의 깊게 관찰하면 이성이 자율적으로 일을 한다는 것을 확인하게 될 것이다. 대부분의 생각은 우리가 영향을 미칠 새도 없이 저절로 떠오른다. 물론 의도적으로 생각할 때도 있다. 하지만 사고 과정의 대부분은 당신의 개입 없이 자연스럽게 일어난다. 그러므로 5분 뒤에 스스로가 무슨 생각을 하고 있을지 알 수 없다. 지구상의 어떤 사람도 자신이 5분 뒤에 무슨 생각을 할지 알지 못한다. 당신이 생각하는 것이 아니라, 당신 속의 무엇인가가 생각한다.

이성은 탁월한 도구다. 이성이 없었다면 인류의 문명은 지금처럼 발전하지 않았을 것이다. 단, 이성이 컨트롤이 되는 한에서다. 그러나 우리의 이성은 그런 절제를 잃어버렸다. 이성은 도구에서 지배자로 등극하여 하루 종일 우리를 지휘한다. 우리 스스로를 100퍼센트 그와 동일시하기 때문이다. 우리와 우리의 이성 사이에는 거리가 없다. 우리는 '내 생각이 바로 나'라고 믿는다. 생각으로부터 의식적으로 잠시 멀어져 자유와 내적 고요를 누리는 사람은 극소수다. 우리는 이성이 만들어내는 모든 제안을 맹목적으로 신뢰하는 가운데, 불안하거나 화가 나거나 혼란스러울 때면 기분이 왜 그런지 의아해한다. 이성이 뱉어내는 생각을 쫄랑쫄랑 따라다니는 것이다.

"아, 거길 가야 하는데…. 영수증을 잊어서는 안 되지. 아침에 동네 아줌마가 들른다고 했지. 아무개가 주차를 제대로 할 수 있을까? 참, 그게 가격이 얼마랬지? 아, 통증이 더 심해지지 않았으면 좋겠는데…. 이 바보, 기름 넣는다는 걸 깜박했잖아! 대체 무슨 생각을 하는 거지? 아, 제발 잘되어야 할 텐데! 어머나, 또 비가 오네!"

의식에 스며드는 생각의 흐름을 쫓는 것은 상당히 힘들다. 하지만 진정한 문제는 이렇듯 이성의 아웃풋이 우리로 하여금 고통스런 감정 상태에 이르게 한다는 것이다.

에고의 방들

의식이 평화와 고요로 가득한 광활한 우주라고 상상해보라. 단, 그 안에는 와글와글 시끄러운 소리가 새어나오는 커다란 집이 한 채 서 있다. 이 집에 있는 방들에 당신의 힘든 감정 상태가 '기거한다'. 대부분의 시간 동안 당신 자신도 이 집에 체류한다. 때로는 집 앞의 고요한 정원을 거닐기도 한다. 그럴 때면 긍정적인 감정을 가진다. 하지만 대지 바깥쪽으로 더 걸어 나와 의식의 고요한 지평으로 나아가는 경우는 극히 드물다.

힘든 감정들은 각각의 방에 들어가 있고 그 방을 떠나지 않는다. 당신이 그 방들을 찾아간다. 각각의 방에는 그 방 특유의 분위기와 정서가 지배한다. 어느 방에 들어가면, 당신의 관점은 갑자기 달라진다. 각 방의 공기를 흡입하는 순간 마치 오디오 기기와 연결된 스피커처럼 곧장 내면이 진동하기 시작한다. 온몸이 그 방의 진동을 받아들이고 그것을 전달하는 것이다. 그러면 감정은 곧장 변화를 일으킨다. 마치 최면에 걸린 것처럼 그 방을 지배하는 감정 상태가 자신에게로 옮겨오는 것이다.

가령 '열등감'이 사는 방문턱을 넘으면, 우리는 열등감의 상태가 주는 진동과 기운에 휩싸인다. 당신의 관점과 감정은 곧장 그 분위기에 동화된다. 호흡하는 공기가 열등감에 절어 있으므로 당신도 어쩔 수 없이 열등감을 느낀다. 스스로 사랑받지 못하는,

외로운 존재라는 느낌에 사로잡힌다. 이 방에 머무르는 동안 이 감정 상태와 동일시가 이루어진다. 어떤 방에 들어가느냐에 따라, 즉 어떤 분위기를 호흡하고 어떤 진동에 노출되느냐에 따라 당신의 전반적인 정서 상태와 삶에 대한 시각이 바뀐다.

이 집에는 총 열 개의 방이 있다. '열등감'도 그중 하나다. 어느 방에 들어가든지 당신은 괴롭다. 이 모든 의식 상태가 정상적이지 않고 균형이 무너진 것으로 느껴지기 때문이다.

이 집을 '에고(자아)'라고도 부를 수 있다. 책을 읽어가면서 이 에고의 집을 벗어나야만 자유와 평화와 행복을 맛볼 수 있다는 것을 분명히 알게 될 것이다. 그런 다음 당신은 에고의 집 앞 정원에서 유쾌한 감정을 경험하거나 에고의 집을 완전히 벗어나 평화롭고 넓은 의식에 이를 수 있을 것이다. 이것이 바로 자연스러운 본연의 상태다. 자신을 생각이나 에고와 동일시하기 전, 어릴 적 경험했던 바로 그 상태다. 천진하고 고요한 눈빛을 가진 어린아이를 관찰해보면 내가 무슨 말을 하는지 알 것이다. 이것은 깨달은 자들의 상태다. 그래서 예수도 이렇게 말한다.

"너희가 돌이켜 어린아이들과 같이 되지 아니하면 결단코 천국에 들어가지 못하리라."[2]

이런 본연의 상태에 대해서는 뒤에서 더 자세히 살펴보려고 한다. 대부분의 사람들은 에고의 집을 완전히 벗어나는 경우가 극히 드물다. 대부분의 시간을 그 집에 있는 방들을 배회하거

내가 생각하는 내가 진짜 나일까?

나, 최소한 열 개의 방 중 한 방의 문턱에 서서 기웃거린다.

그런 다음 특정한 생각에 주의를 집중시키면, 이제 특정한 감정 상태로 발을 들이게 된다. 생각들은 늘 존재한다. 이성이 계속해서 새로운 생각을 만들어내기 때문이다. 당신의 주의는 계속해서 움직인다. 이 생각에서 저 생각으로 뜀뛰기를 한다. 주의는 당신의 정찰병이다. 주의를 통해 당신은 의식에서 어떤 일이 일어나고 있는지를 안다. 하지만 생각이 아주 많으므로, 당신은 크게 주목하지 않고 대부분의 생각을 그냥 지나친다. 하지만 어떤 생각들은 정찰병의 관심을 일깨운다. 그러면 주의력이 그 생각에 집중된다.

'난 정말 모자란 사람이야!'라는 생각이 부유하고 있다고 해보자. 어떤 이유에서 주의가 이런 생각으로 향하면, 우리는 그 생각을 좇게 된다. 그리하여 그 생각을 따라 에고의 집으로 들어가 열등감의 방에 이른다. 방문을 닫자마자 당신의 지각은 그 방의 기운에 휩싸인다. 열등감의 기운을 흡입하여 의식이 이 방의 낮은 진동으로 떨어진다. 그러면 얼마 가지 않아 스스로 사랑받을 만한 사람이 못 된다는 기분에 사로잡히고 슬픔과 외로움이 밀려온다. 최면에 걸린 듯 생각이 말해주는 모든 것을 믿는다. 열등감의 방과 하나가 되는 것이다. 이 상태에서 다시 빠져나오기란 쉽지 않다.

우리의 삶을 결정하는 두 가지 힘

라마나 마하르시Ramana Maharshi는 20세기의 위대한 현자 중 한 사람이다. 어느 날 제자 한 사람이 그의 가르침을 한 단어로 요약해달라고 부탁하자 마하르시는 '주의注意'라고 대답했다. 자신의 주의를 컨트롤하는 사람은 소수다. 주의가 어디로 향하는지 의식하는 사람도 굉장히 적다. 주의는 의식을 통해 이 생각에서 저 생각으로 옮겨 다니고, 계속 우리를 불쾌한 상태로 이끈다.

지난 몇백 년간 인류는 엄청난 기술적 진보를 이루어냈다. 하지만 의식의 영역은 그리 많이 진보하지 못했다. 대부분의 사람들은 2천 년 전과 마찬가지로 여전히 주의를 어떻게 컨트롤할지, 마음을 어떻게 다스릴지 알지 못한다. 특정한 의식의 방과 자신을 동일시하면, 우리는 그 상태를 진실로 여기고 그에 상응하게 행동한다. 그 결과 우울증부터 전쟁까지 각종 불행이 빚어진다. 스스로 에고의 집에 머물고 있을 뿐임을 알지 못하고 그곳을 현실 세계로 여기는 것이다.

인류의 영적 스승인 자메이카의 무지Mooji는 '주의'와 '믿음'이 우리의 삶을 결정하는 가장 큰 힘이라고 말한다. 우리의 주의가 문제가 있는 생각으로 향해 스스로 그 생각을 믿게 되면, 우리는 어쩔 수 없이 열 개의 에고 상태 중 하나에 이르게 된다.

이 책에서 차츰 확인하겠지만, 그런 방에 머물다 보면 자신도 괴로울뿐더러 주변 사람들의 삶까지 지옥으로 만든다. 실제로 이 세상의 모든 괴로움은 이런 내적 상태에서 비롯한다.

> 생각은 그냥 오고 갈 뿐이다.
>
> 중요한 것은 당신이 그 생각을 따르고 믿을 것인가,
>
> 그러지 않을 것인가 하는 것이다.

의식 속에 어떤 생각이 떠오를 때, 열 개의 방 중 한 방에 들어갈 것인가, 아니면 밖에 머물거나 방에서 도로 나올 것인가 하는 것은 당신의 주의와 믿음에 달려 있다.

첫 번째 힘: 주의

당신이 온갖 걱정에 휩싸여 있다고 해보자. 이것은 당신의 이성이 '뭔가 나쁜 일이 일어날 수도 있어!'를 핵심으로 하는 생각들을 만들어낸다는 의미다. 이런 생각은 흥분해서 의식 속을 질주하며 계속 알람을 울린다. 생각은 사이렌 소리와 같다. 그리스 신화에 나오는 바다 괴물 세이렌siren은 노래로 선원들을 유혹해서 배가 암초에 부딪혀 난파되게끔 한다. 생각도 노래로 당신을 유인한다. '뭔가 나쁜 일이 일어날 수도 있다'는 생각에 주의가 꽂히면 당신은 그 생각을 따라 에고의 집으로 향한다. 미

끼는 놓였고, 당신은 거리낌 없이 절벽을 향해 노를 저어간다.

두 번째 힘: 믿음

하지만 생각에 주의를 기울이는 것만으로 무조건 에고의 집으로 들어가는 것은 아니다. 그 생각을 믿어야 한다. 믿음은 우리 삶을 결정하는 두 번째 힘이다. 믿을 때라야 최종적으로 미끼에 걸려든다. 그러면 '뭔가 나쁜 일이 일어날 수도 있어!'라는 생각과 더불어 곧장 통제의 방으로 옮겨진다. 늘 걱정을 하는 방으로 말이다. 이런 생각을 강하게 할수록 통제의 방에 깊숙이 들어가게 된다. 그곳에서 그 분위기를 호흡하고, 점점 더 통제 상태에 동화된다. 그 방 안에 있는 한 불안과 걱정, 절망적인 통제 강박이 당신의 삶을 쥐고 흔든다.

따라서 고통스런 감정 상태에 이르기 위해서는 두 힘이 합쳐져야 한다. 어떤 생각을 믿을수록 우리는 그에 해당하는 방의 분위기에 강하게 사로잡히게 되며, 불안, 적대심, 결핍감 등의 감정과 신체 증상이 강해진다. 감정이 점점 강력해지고, 당신 속에 더 많은 자리를 점유하게 되는 것이다. 그 결과는 만만치 않다. 어떤 생각과 자신을 동일시할수록, 그리하여 해당되는 방에 더 깊숙이 들어갈수록, 감정은 더 격해지고 행동도 과격해진다. 자살이나 타살은 그런 방에 깊이 들어가 체류하는 것에서 비롯된다. 어떤 방에 깊숙이 들어가 체류하면 그 방을 지배하는

내가 생각하는 내가 진짜 나일까?

좁은 시각과의 동일시가 심해져 극단까지 치달을 수 있다.

어떤 방에 깊숙이 들어갈수록 우리의 감정과 행동은
극단으로 흐르기 쉽다.

어떤 생각에 주의와 믿음을 보탤수록 그 생각은 더 강해지고
더 힘을 얻는다. 하지만 그 생각에서 이런 먹이를 거두어버리
고, 주의와 믿음을 더 의미 있는 것으로 향하게 하면, 그 생각은
버틸 수가 없다. 모든 생각은 당신이 주는 에너지를 먹고산다.
당신이 그 생각을 식물처럼 키우는 것이다. 그 생각에 당신이
두 가지 힘을 공급하는 일을 중단하면, 그 생각은 시들시들 마
르다가 사라진다.

외적인 상황이 변해야 그 생각으로 향해 있던 주의도 자연스
럽게 거둘 수 있으리라고 믿는가? 하지만 어떤 생각으로 향해
있던 주의를 거둘 수 있느냐, 그렇지 않느냐 하는 것은 외적인
상황에 달려 있지 않다. 같은 시간, 같은 장소에서도 상황을 전
혀 다르게 경험하는 사람들이 많다. 그들이 생각을 서로 다르게
대하기 때문이다.

승객 A와 B가 한 비행기를 타고 있다고 해보자. 어느 순간 난
기류 때문에 비행기가 흔들리기 시작하고, 이러다 비행기가 추
락하는 게 아닐까 하는 생각이 승객 A의 머리를 스친다. 물론 A

가 이런 생각을 의도적으로 한 건 아니다. 그냥 그런 생각이 든 것이다. 이제 A의 주의는 그 생각으로 기울어지고, 이어 의식이 그 생각을 평가한다. 그리고 그 지적 영역이 추락 시나리오를 믿는 순간 A의 의식 상태는 변한다. A는 이제 생각을 따라 '무기력의 방'으로 들어간다. 그러면 패닉과 더불어 맥박이 빨라지고, 식은땀이 나고, 근육이 경직되는 등의 신체 반응이 따른다. 그 생각에 대한 믿음이 강하고, 그 생각에 믿음을 공급할수록 불안은 더 커진다. 그리하여 곧 그 상태에 완전히 동화된다.

난기류를 통과하는 동안 승객 B에게도 같은 생각이 스친다. 그의 의식도 그 생각을 지각하고 평가한다. 하지만 A와 반대로 B는 추락 시나리오를 믿지 않고 주의를 그 생각에서 거둔다. 그 생각을 떨쳐버리고, 더 이상 주의를 주지 않는 것이다. 그는 주의와 믿음으로 그 생각을 키우지 않는다. 처음에 주의가 그 생각으로 기울면서 의식이 약간 흐려져 흔들리기는 했지만, 승객 B는 다시금 자연스럽고 자유로운 상태로 돌아온다. 무기력의 방문턱에서 방향을 돌려 에고의 집을 떠나는 것이다.

따라서 같은 상황에 놓인 두 사람이 서로 다른 현실을 경험하고, 다른 반응을 보인다. 즉, 마음 상태를 유발하는 건 외적인 상황이 아니라, 외적 상황에 대한 자신의 생각인 것이다.

특정 생각이 왜 떠올랐는지, 또 무엇 때문에 우리의 주의가 그 생각에 그토록 타오르는 관심을 보이는지는 확실히 알 수 없다. 경험이나 학습, 조건화, 조상에게서 물려받은 특정 표상이나 생각이 영향을 미칠 수도 있다. 조상들이 열등감, 통제, 오만, 무기력에 빠져 살았고, 그 습관을 물려주었을 수도 있다.

어느 방에 계속 들락거리며 그 공기를 늘 호흡하면 그 방에 체류하는 게 습관이 된다. 많은 사람들이 몇 주 혹은 몇 달간 같은 에고의 방에 머문다. 우울증의 경우에도 그렇다. 계속해서 같은 상태에 들어가면 어느 순간 그것은 패턴이 된다. 당신은 그 방에 퍼질러 앉아 인생 전체를 그 관점에서 경험한다. 에고의 방은 당신의 집이 되고, 일상은 괴로움으로 점철된다.

다행인 건 주의를 컨트롤하고 의식을 맑고 넓게 유지하는 법을 배울 수 있다는 것이다. 이것을 배우고 나면 괴로운 상태로 들어가는 일이 점점 드물어지고, 에고의 집을 거의 방문하지 않게 된다. 외적인 위생과 마찬가지로 내면을 청결히 돌보는 것 역시 시간과 노력을 들여야 하는 일이다. 이런 방법을 연습하고 건강한 습관으로 만들려면 반복이 중요하다! 어린아이가 걷기와 말하기를 배울 때는 부단히 연습을 한다. 당신도 마찬가지다. 악기든, 운동이든, 언어든, 일이든 자주 연습할수록 더 숙련된다. 처음에는 어렵게 보이던 것도 어느 시점부터는 습관이 된다.

내가 겪었던 일을 말해보자면 이렇다. 나는 어렸을 적에 집에서 거의 집안일을 하지 않고 자랐다. 사용한 그릇을 그대로 놓아두었고, 빨랫거리도 그냥 던져놓으면 엄마가 일일이 뒤치다

꺼리를 해주었다. 그래서 부모님 집에서 나와 독립해서 살아야 했을 때, 나는 음식을 만들 줄도, 일반적인 청소와 정리를 할 줄도 몰랐다. 나는 첫 주거 공동체에서 두 사람과 집을 공유했는데, 그 두 사람은 나 때문에 정말 골머리를 앓았다. 처음에는 내가 정신이 온전한 건지 의심할 정도였다고 한다. 나는 물건을 쓰고 그냥 그 자리에 내버려두었고, 음식도 할 수 없어 날 위해 두 사람이 음식을 하고 뒤치다꺼리를 하게 만들었던 것이다. 나는 여기저기 늘어놓고서도 그것을 문제로 여길 줄 몰랐다. 아예 그쪽으로 감각이 없었던 것이다.

그러나 계속 그렇게 지낼 수는 없는 일이었다. 나는 주거 공동체에서 정말 맹훈련을 받았다. 지저분한 상태를 지각하고, 이어 깨끗이 치우는 것을 배우기까지 정말 오래 걸렸다. 당시 나는 계속 잔소리를 하고 지적을 하는 두 사람에게 강한 반감을 느꼈다. 하지만 지금은 그들에게 굉장히 감사하다. 깨끗한 환경에서 생활하는 것이 좋기 때문이다. 그들의 트레이닝이 아니었으면 이렇게 쾌적하게 살 수 없었을 것이다.

다음 장들에서 나는 우리 내면의 공간이 생각과 감정에 오염되지 않도록 깨끗이 유지하고, 무질서를 바로잡도록 안내하고자 한다. 하지만 이를 위해서는 당신의 주의가 어떤 에고의 방에 자주 머무르는지를 일단 알아야 한다. 그리하여 이 책에서는 열 개의 방이 있는 에고의 집 전체를 안내하고자 한다. 이 열 개의 방을 당신은 이미 알고 있을 것이다. 각 방에 상응하는 감정 상태는 성격이나 개성과는 무관하다. 또 어떤 사람에게만 해당되고, 다른 사람과는 무관한 것이 아니다. 모두가 언젠가 이런 방들 중 하나에 발을 디디게 될 것이다. 어떤 방들은 그리 자주 들르지는 않을 테지만, 그래도 그곳 분위기와 진동은 충분히 상상이 가능할 것이다.

에고의 집을 살피다 보면 지금 자신이 어느 방에 있는지, 어떻게 하면 그 상태에서 빠져나와 자유로워질 수 있는지 알게 될 것이다. 불안과 화와 결핍에서 해방되면 진정한 자유를 맛볼 수 있다. 그러면 당신은 에고의 집 바깥에 위치하고, 더 이상 무기력하게 에고의 집에 붙잡혀 있지 않게 된다. 의식의 주인이 되어 자유 가운데 마음의 기쁨과 평화를 경험하게 될 것이다.

실제적인 연습

잠시 시간을 내라. 지금 책을 읽으면서 곧장 시간을 내면 가장 좋다. 그러나 일상에서도 계속해서 시간을 내라. 당신의 주의가 어디로 향하는지를 보라. 지금 특히 어떤 생각에 이끌리고 있는가? 어떤 감정이 느껴지는가? 신체적으로 어떤 느낌이 있는가? 그것들은 당신이 어떤 방에 있는지를 알려주는 첫 번째 바로미터다.

첫 번째 방

___

통
제
의
방

나는 도착했다. 나는 집에 있다.

_틱낫한^{3>}

통제의 방은 에고의 집 중심부에 있다. 그도 그럴 것이 우리 모두는 어느 정도 통제광들이기 때문이다. 통제의 방은 에고의 집 거실이라고 할 수 있다. 거의 모두가 매일 이 방을 통과한다. 대부분의 다른 상태가 이 방에서 출발하기 때문이다. 이 공간의 분위기는 걱정으로 점철되어 있다. 통제의 방에 있으면 자동적으로 긴장하고 스트레스를 받는다. 당신은 (내·외적으로) 흥분해서 숨 가쁘게 움직이고 있을지도 모른다. 이런 상태에서는 끊임없이 뭔가를 해야 하고, 생각해야 하기 때문이다.

통제의 방에 어떻게 빠져들까

통제를 한다는 것은 걱정이 현실이 되지 않도록 주의하고 조심한다는 의미다. 그러다 보니 생각을 멈출 수 없다. 또한 걱정을 하다 보니 자신과 타인에게 높은 요구를 한다. 성과와 결과가 중시되고, 실패나 약함은 용인되지 않는다. 이 상태에서는 살아남는 것이 중요하다. 그래서 우리는 투쟁을 하고 주변 사람들과 자기 자신을 채찍질하고 몰아간다. 마음을 놓지 않고 계속 정신을 다잡아야 하기에 내면은 무척 곤고해진다. 배경으로 들리는 노래 가사는 "난 해야 해!"라는 후렴구다.

통제의 방에서 우리의 신경은 모든 일이 잘 돌아가야만 한다는 생각에 집중된다. 계속해서 책임감이 몰려오고 뭔가를 그르칠까 두렵다. 모든 일이 잘되어야 하고, 더 좋게는 완벽해져야 한다. 당신은 자기가 아니면, 혹은 자신이 잘해내지 못하면 아무 일도 되지 않을 거라고 확신한다. 통제의 방에 있는 사람은 늘 카페인 음료를 달고 산다. 정신을 똑바로 차리는 것이 중요하기 때문이다. 저녁에는 꼬리를 무는 걱정을 가라앉히고 잠을 청하기 위해 술이나 수면제를 복용하기도 한다.

통제의 방은 보통 정리정돈이 잘되어 있다. 모든 것이 제자리에 있고 깔끔하다. 이런 방에서는 내려놓거나 놓아버리기가 쉽지 않다.

통제의 방은 많은 사람들에게 중요한 의미를 갖는다. 많은 사람들이 통제의 방을 에고의 집 중심 공간으로 이용한다. 사람들은 이곳을 일종의 안전한 항구처럼 이용하기도 한다. 다른 방들과는 달리 통제의 방에는 일부러 의도적으로 들어간다. 통제를 중단하고 다른 방으로 빠져 들어가면 훨씬 고통스러울 수 있기 때문이다. 통제를 그만두면 죄책감이나 열등감, 무기력에 빠져들 수도 있다. 이런 상태에 비하면 통제의 방은 여전히 괜찮은 대안으로 보인다.

통제는 온갖 것들에 집중될 수 있다. 통제의 방에서 사람들은 자신에게 어떤 나쁜 일이 일어날 수 있는지를 상상한다. 이 방에서 사람들이 흔히 걱정하는 사항들은 다음과 같다.

- 재정적으로 힘들어질까 봐 걱정한다. 이것은 아주 흔한 걱정이다. 재정적으로 힘들어져서 그동안 해왔던 좋은 습관들을 포기해야 할까 봐, 이런저런 좋은 것들을 누리지 못할까 봐, 생계가 어려워질까 봐 걱정한다.
- 질병, 사고, 명예 실추, 화재, 전쟁, 경제 위기 등 자신이 통제력을 상실하는 상황이 올까 봐 걱정한다.
- 외로워질까 봐 걱정한다.
- 사랑받지 못할까 봐, 나쁜 평판을 들을까 봐 걱정한다.
- 과실이나 죄를 범할까 봐 걱정한다.

당신을 통제의 방에 붙잡아두기 위해 이성은 세 종류의 목소리를 들려준다. 내면의 감독, 내면의 완벽주의자, 내면의 비판자 목소리다. 내면의 감독은 당신을 한계까지 몰아붙이고 닦달한다.

"정신 차려! 얼른 하란 말이야! 당장 해야 해!"

완벽주의자는 모든 사항을 꼼꼼히 체크한다.

"제대로 한 거야? 잊은 것 없어? 이걸로 충분해?"

내면의 비판자는 당신이 스스로 정한 높은 기준에 부합하지 못할 때마다 다그친다.

"그렇게 해서 되겠어? 또 똑같은 실수를 저질렀잖아. 정말 한심하다. 다시는 그러면 안 된다고 했지!"

통제의 방에 오래 머무르면 만성 스트레스와 관련된 각종 질병에 노출되기 십상이다. 번아웃, 심혈관 질환, 공황장애, 위장장애, 편두통, 불면증…. 이 방에서는 통제하는 것 말고 다른 대안이 있다고 생각하기가 어렵다. 정신신체의학 클리닉에 가면 혹사를 당한 신체와 정신이 반란을 일으켜 억지로 쉬는 사람들을 볼 수 있다. 늦어도 그쯤 되면 사람들은 인생이라는 게 마음대로 되지 않는 것임을, 일일이 통제할 수 없는 것임을 깨닫는다. 상황 자체가 내려놓고 내맡기게 만든다.

통제의 방에 붙들려 있는 사람은 세상을 염세적으로 보고, 모든 걸 어둡게 그린다. 생각해보면 잘못될 것투성이다. 온갖 것에 대해 너무 오래 생각하다 보니 걱정이 산더미 같고 지친다. 그러다 보면 어느 순간 좌절이 찾아온다. 통제해야 할 것들이 끝없이 이어지기 때문이다. 하나를 해결하면 또 다른 걱정, 또 다른 문제가 찾아온다.

직장 생활을 하며 두 아이를 키우는 모나의 이야기는 통제가 전형적으로 어떻게 이뤄지는지를 잘 보여준다.

나는 직업적으로나 개인적으로나 공중에 늘 여러 개의 공을 띄워놓고 돌리다시피 해요. "오늘 회사에서 처리해야 할 일이 뭐지?" 하다가도 "가만, 손님 초대를 했는데 식사를 허술하게 준비하면 안 되잖아. 뭘 구입해야 할까?" 하지요. 그러다 보니 늘 스트레스를 받고 긴장해요. 상체에서 긴장이 느껴지지요. 어깨를 편안하게 늘어뜨리지 못하고 늘 치켜 올리고 있는 편이에요. 호흡도 얕게 하고요. 정말 안 좋을 땐 편두통이 찾아와요.

나는 시종일관 정신을 바짝 차리고 모든 것을 놓치지 않으려 해요. 미래에 일어날 수 있는 일들을 상상하다 보면, 잘못될 수 있는 일들이 떠올라 불안하고 걱정스러워요. 종종 힘에 부치게 일을 해내려 하고, 아무것도 놓치지 않으려고 해요. 그러다 보면 헉헉댈 수밖에 없지요. 결국 책임을 져야 하니까요! 하겠다고 했던 일, 하려고 했던 일을 다 계획대로 해야 해요. 목록에 16개를 써놓고 14개만 한 경우에는 스스로에 대해 화가 나요.

모나의 발언 중에 "미래에 일어날 수 있는 일들을 상상한다"는 것은 통제의 방에 머무는 사람들의 전형적인 행동이다. 통제의 방에 들어가자마자 우리의 마음은 미래로 간다. 일어날 수 있는 일들을 상상하고 걱정한다. 영성가이자 작가인 바이런 케이티Byron Katie는 이렇게 말한다.

> "걱정은 미래를 예상하는 것이다."

걱정은 언제나 상상이다. 최악의 경우에 일어날 수 있는 일을 생각하는 것이다! 생각은 환상의 나래를 펴고 끔찍한 장면을 그린다. 이런 시나리오가 당신을 걱정하게 만들며, 미래를 상상함으로써 지금 여기, 즉 현재의 삶을 떠나게 한다. 현실을 떠나는 것이다. 그러나 사실 *지금 여기*만이 현실이다. 다른 것들은 모두 머릿속 영상이다. 순전히 상상이며 환상이다. (주의! 바로 위에 '지금 여기'라는 말이 이탤릭체로 쓰여 있다. 잠깐 멈추고 '지금 여기'로 오기 위해 이 순간을 활용하라.)

통제의 방에서 드는 생각들은 앞으로 일어날지도 모르는 불행과 연관되며, 당신은 모든 경우의 수를 머릿속에서 돌려보면서 그 위험성을 평가한다. 통제의 방에서 하는 주된 활동이 바로 분석이다. 이렇듯 미래를 내다보는 인간의 능력은 진화적으로 크나큰 유익이었다. 하지만 그 이면에는 부정적인 면이 도사리고 있다. 끝없는 걱정이 꼬리에 꼬리를 무는 것이다.

뇌 과학은 우리가 계속해서 걱정과 두려움에 주의를 집중하면 무슨 일이 일어나는지를 알려준다. 우리의 뇌는 실제와 상상을 구분하지 못한다. 그래서 실제로 위험을 느끼든, 상상으로 위험을 느끼든 간에, 부신피질이 전달 물질을 통해 곧장 알람을 울리고, 전체 시스템의 출력을 높인다. 맥박이 빨라지고, 혈압이 올라가며, 호흡은 빨라진다. 신체는 싸움 혹은 도망을 준비한다. 이를 학술 용어로는 '싸움 반응' 혹은 '도망 반응'이라 칭한다. 싸움도 도망도 할 수 없으면 몸은 굳어진다. 밧줄을 보고 뱀이라고 착각한 남자처럼 말이다. 상상만으로도 패닉에 빠지기에 충분하고, 전신에 신체 반응이 나타난다.

싸움 혹은 도망 모드에 있으면, 신체는 온통 생존에만 신경을 쓴다. 위험이 지나가면 장기와 뇌는 해당되는 전달물질 분비를 중단하지만, 신체에서 이런 전달물질이 완전히 분해되어 사라지기까지는 한동안 시간이 걸린다. 하지만 전달물질이 다 분해되기도 전에 새로운 걱정이나 두려움이 양산되면 이제 혈액에 계속해서 알람을 울리는 물질들이 떠다니게 된다. 그런 상태에서 어떻게 세상을 누빌지 상상이 갈 것이다. 통제의 방에 온 것을 환영한다!

톰이 처음으로 나를 찾아왔을 때 그는 모든 것을 제대로 할 수 있을지 근심에 싸여 있었다. 톰은 21세의 대학생이었는데 스스로에 대한 요구가 높았다. 이런 요구는 곳곳에서 표가 났다. 학업과 아르바이트, 친구·여자친구·가족을 대하는 태도에서도 그랬다. 스스로 충분히 잘하지 못한다는 생각에 톰은 우울한 기분에 빠져들었다.

나는 끊임없이 내가 뭔가를 이루어야 한다고 생각해요. "학업을 잘해내야 하고, 아르바이트도 가야 하고, 방도 치워야 하고…." 머릿속에 해야 할 일 목록이 거의 1,000개는 들어 있어요. 스트레스가 극심하죠. 그러면 이제 미래에 대한 두려움이 엄습해요. 내가 뭔가를 잘못할까 봐 계속 걱정을 하죠. 그리고는 전력을 다해 해야 할 일들을 감당하려고 노력해요. 가장 큰 걱정은 나 자신의 요구에 부응하지 못하면 어쩌나 하는 것이에요. 나는 가능하면 제대로 해내려고 하고 외적으로도 그렇게 보이기를 원해요. 수업이나 약속 시간을 늘 정확히 엄수하고, 과제도 최고 수준으로 제출하고, 친구 관계도 좋고, 집도 깔끔하게 유지하는 등 말이에요. 제대로 해내지 못하면 스스로 쓸모없는 사람이라는 느낌이 드니까요.

톰의 마지막 말은 그의 불안이 어디에서 기인하는지를 말해준다. "제대로 해내지 못하면 쓸모없는 사람이라는 느낌이 든다." 즉, 그는 열등감의 방으로 들어가지 않으려고 하는 것이다.

내가 생각하는 내가 진짜 나일까?

괴로울지라도 통제의 방에서의 이런 상태가 그에게는 잘하지
못한다고 느끼는 것보다는 낫다.

> 삶이 너무 힘겹게 느껴져요. 빠르게 부담으로 다가오지요. 그래
> 서 나는 결코 쉴 수가 없어요. 신경을 끌 수도 없어요. 하지만 뭔가
> 를 해내면, 최소한 '제대로'라는 느낌이 들고, 그리 부족하지 않다는
> 느낌이 들어요.

최근 의료보험사의 의뢰로 시행된 연구에 따르면, 대학생들
의 우울증과 불안이 최근 10년간 부쩍 증가했다. 학생들은 과
거 심리 질환에 취약한 집단으로 여겨지지 않았지만, 성과에 대
한 압박과 미래에 대한 불안으로 말미암아 심리 질환이 거의 40
퍼센트나 증가한 것으로 확인된다. 미래에 대한 걱정과 불안은
스트레스를 야기하고, 미래가 불안할 때 우리는 *지금 여기*를 통
제하고자 한다. (얼른 심호흡을 하여 '지금 여기'로 돌아오라.)

통제의 방에 있을 때는 이성理性의 제안에 특히 솔깃하게 된
다. 늘 뭔가 고민거리가 있다 보니 종종 불면증이 찾아오는 것
도 놀랄 일이 아니다. 밤에 한 가지 생각에 꽂혀서 꼬리를 물고
이어지는 걱정으로 도무지 쉴 수가 없는 것이다. 우리는 고민하
고 생각해서 해결책을 마련할 수 있을 것이라 믿는다. 고민하고
생각하는 것이 우리의 가장 큰 문제라는 것을 알지 못한다.

내적 시스템이 경보 태세로 전환되면, 자기 자신만 통제하고 몰아가는 것도 모자라 곧 주변까지 공격의 표적으로 삼는다. 과도한 부담을 느끼다 보면 간혹 자제력을 잃고 주변에 분노와 화를 쏟아부음으로써 기분을 푸는 것이다. 배우자, 자녀, 동료들을 통제하려고 할 뿐 아니라, 심지어는 자신들을 치료하는 의사나 비행기 승무원까지도 통제하려 드는 사람들이 있다. 인제 어디서든 자신이 옳고, 모든 일이 자기 생각대로 돌아가도록 하고자 한다.

우리는 어느 한 방에 깊숙이 들어갈수록 그 방의 분위기에 더욱 사로잡힌다. 통제의 방에 깊숙이 들어가 앉아 있으면 미래에 대한 불안한 상상이 훨씬 생생하게 다가온다. 그러면 당신의 태도도 그에 따라 변한다. 주변 사람들의 행동에도 자꾸 개입하고 다투게 된다.

이렇게 통제가 심해지면 특히 아이들이 피해를 볼 수 있다. 부모들이 불안한 상상에 빠져들면 아이들이 어떤 것도 혼자 할 수 없게끔 통제할 수 있다. 안드레아는 50대 중반이며 십대 자녀 둘을 두고 있다. 그녀는 자신이나 아이들에게 무슨 일이 일어나서 상황이 자칫 힘들어질까 봐 심히 두려워한다. 그래서 예상하지 못했던 일이 일어나면 스스로를 끔찍하게 비난한다.

나는 완벽주의자에 가까워요. 모든 걸 완벽하게 하려고 하고 계

내가 생각하는 내가 진짜 나일까?

속 통제를 하죠. 나쁜 일이 일어날까 봐, 내가 불행을 자초하거나 위험을 간과할까 봐 걱정해요. 그래서 아이들을 심하게 통제하고, 아이들이 알아서 하게끔 내버려두지 않아요. 일일이 쫓아다니며 일거수일투족 해결해주지요. 물론 아이들 스스로가 책임지게 하는 게 더 좋을 거예요. 하지만 그러면 뭔가 잘못될까 봐 심히 불안해요. 그래서 열네 살짜리 딸이 어딜 가야 할 때 지하철을 태워 보내면 될 텐데도 자가용으로 실어 날라요. 그러느라 시간도 많이 들고 일상에 상당히 부담이 되는데도요. 하지만 나는 내 아이들에게 무슨 일이 일어나지 않게 보호해야 해요.

책임져야 한다는 감정은 우리를 통제의 방으로 보낸다. 많은 사람들이 일찌감치 이런 훈련을 시작한다. 레온은 열한 살 때 아버지가 돌아가시면서 이런 훈련을 시작해야 했다.

나는 일찌감치 책임을 떠맡아야 했어요. 아버지가 돌아가시고 나자 어머니는 여러 가지 일들을 혼자 처리하는 걸 버거워했어요. 그래서 내가 여러 일들을 대신 해드렸죠. 자동차도 등록하고 보험도 들고요. 원래는 어른들이 해결해야 하는 일들이었어요. 돌아보면 내가 몇 년, 혹은 몇 단계를 건너뛴 느낌이에요. 동급생들과 같은 반에 앉아 있긴 했지만, 생각하는 주제가 서로 달랐죠. 나는 세탁기를 어떻게 사용해야 하는지, 세금 신고를 어떻게 해야 하는지 알고 있었어요. 다른 아이들은 신경도 쓰지 않는 일이었죠. 나는 빠르게 어른이 되었어요. 아무 걱정 없이 하루하루 천진난만하게 살아도 되는 시절을 놓쳐버린 것이죠. 늘 해야 할 일 목록이 머릿속에 들어 있었어요. 이미 어릴 적부터 내가 무얼 책임져야 하는지, 다음 주까지 어떤 일을 마무리해야 하는지 알고 있었어요.

레온은 이제 20대 중반의 대학생이 되었지만, 여전히 자신의 이성이 부과하는 요구에 치이는 느낌이라고 한다.

요즘도 나는 빠르게 책임감을 인지해요. 누군가 자동차가 필요하거나 뭔가 다른 걸 구입하려는 걸 보면 조바심이 나고 내가 도와야 한다는 생각이 들어요. 그래서 인터넷을 뒤져 알맞은 물건을 찾아줘요. 내가 도와주지 않으면 그가 잘못된 선택을 할 것 같고 그로 인해 힘들 것 같은 마음이 들죠. 그러면 또 나중에 '아, 그냥 도와줄걸!'이라며 후회할 것 같고요. 의무감도 한몫하고 주변 사람들에게서 좋은 소리를 듣고 싶은 마음도 있지요.

레온의 경우는 아버지가 일찍 돌아가신 것이 그를 통제의 방에서 살게 했다. 어릴 적 경험으로 인해 늘 사랑스럽고 친절하게 굴면 화를 피할 수 있다고 받아들인 사람들도 있다. 밀레나의 아버지는 폭군 기질이 다분했다. 가족들 모두 아버지가 화를 벌컥벌컥 내는 것에 대한 트라우마가 있었다. 밀레나는 어릴 적 시종일관 까치발로 걸어 다님으로써 상황을 통제하는 것을 배웠다. 성인이 될 때까지 이런 패턴을 유지했다.

어릴 적, 그리고 청소년 시절 나는 모두에게 잘 보이려고 했어요. 나는 만인의 연인이었어요. 누구에게나 친절하게 대하고, 모나지 않게 굴었고, 늘 웃어주었지요. 그것은 내가 거절당한 뒤 열등감을 느끼지 않기 위한 보호막 같은 것이었어요. 인간관계에서도 나는 그런 경향을 가지고 있어요. 마음에 들지 않는 게 있어도 거의 말을 하지 않아요. 도무지 튀는 걸 싫어하죠. 그냥 튀지 않게 해요! 그로써 나는 모든 상황을 통제하려고 해요. 내 안의 무엇인가가 모두에게 친절하게 대하고, 그들이 원하는 대로 해줄 때만이 무탈하게 지낼 수 있다고 믿는 것 같아요.

통제의 방에 이미 오래 체류한 사람들은 그저 의무를 다할 뿐, 무엇이 그들에게 기쁨을 주는지 지각하지 못한다. 좋은 느낌을 주는 것과의 연결을 잃어버리고, 좋게 '생각되는' 것으로만 살아간다. 온 관심이 걱정의 쳇바퀴를 맴돌고 있다.

미래에 대한 두려움이 현재 처한 고통보다 더 커지기도 한다. 그러면 우리는 통제의 방에 머물 뿐 아니라, 열악한 현재의 상황을 그냥 참고 견디게 된다. 파블로도 그런 경우다. 그는 가족과 함께 독일에서 살면서 레스토랑 종업원으로 일한다. 현재 하고 있는 일도, 독일에서의 삶도 만족스럽지 않다. 그래서 입버릇처럼 스페인에 있는 고향으로 돌아가 호텔을 열고 싶다고 말한다. 하지만 그렇게 하지 못한다. 마음의 소리를 따르지 못하는 것이다. 지금 일을 그만둘 경우 벌어질 수 있는 여러 가지 불안정한 상황에 대한 상상에 짓눌리기 때문이다. 그는 두려움 때문에 현재의 불만족스런 안정을 택하고 있다. 통제의 방은 그를 보호해주는 공간이다. 최소한 그는 그렇게 믿는다.

여기까지 읽으며 독자들은 통제 상태가 상당히 다양하게 나타날 수 있음을 알았을 것이다. 통제 상태는 늘 스트레스와 두려움과 연결되어 있다. 에고의 상태들은 개인적으로만 나타나는 것이 아니다. 나라 전체가 집단적으로 통제의 방으로 미끄러져 들어갈 수도 있다. 조지 오웰의 소설 《1984》는 바로 이런 체계적인 통제의 광기를 다룬다. 물론 전체주의적인 감시 국가는 소설에만 등장하는 것이 아니다. 세계적으로 온갖 수단을 다해 국민들을 통제하려 드는 시스템과 독재 정권이 존재했고, 지금도 존재한다. 예전의 동독, 중국과 북한의 감시와 통제 조치들이 그 예들이다. 전체주의 국가는 통제를 상실하는 것을 늘 두려워한다.

국가는 겉으로 드러나지 않게 통제를 행사할 수도 있다. 정보를 조작하여 자국민이나 타국 사람들의 현실 지각을 왜곡시킬 수도 있다. 사람들의 지각을 통제하면 저항을 걱정하지 않아도 되기 때문에 조작도 기꺼이 감행한다.

통제의 방에서 빠져나오기

다른 방도 마찬가지겠지만, 통제의 방을 빠져나오기 위해서는 인간 정신의 기본적인 작동 방식을 알아두는 것이 좋다. 또한 통제의 두 가지 형식을 구분할 필요가 있다. 한 가지 형식은 곡예사가 공을 통제하고, 음악가가 악기를 통제하고, 무용수가 신체를 통제하고, 당신이 직업적인 일을 통제하는 식이다. 우리 모두는 살아가면서 끊임없이 통제를 행한다. 이것은 정상이며 별문제가 되지 않는다. 하지만 통제 행위에서 두려움과 걱정이 앞설 때, 더 이상 자연스럽게 행동하지 못하고, 압박을 받으며 억지로 통제를 할 때는 문제가 된다. 다시 말해서 통제의 방에 붙들려 더 이상 넓은 의식으로 나아가지 못하고 자유를 누리지 못할 때 문제가 되는 것이다.

숙련된 곡예사, 음악가, 무용수는 통제를 하는 동시에 자유롭다. 오히려 좋아한다. 통제와 내맡김이 동시에 일어난다. 자유롭고 편안하고, 머리가 복잡하지 않은 상태에서 계획과 숙고를 한다. 그러나 계획을 하면서 시종일관 모든 것이 잘될지 공포와 두려움을 느낀다면 이것은 문제가 있는 통제다. 이런 경우 걱정이 꼬리를 물고 이어진다.

"이런저런 일이 일어나면 어떻게 하지? 내가 이런저런 조치를 취해야 할까? 내 생각이 미치지 못한 부분은 없을까?"

자기 자신의 신체만 주의 깊게 관찰해도, 우리가 살아가면서 그리 많은 것을 통제할 수 없음을 알 수 있다. 인생에서 정말 많은 것이 우리의 통제 없이 이루어진다는 것을 깨닫게 될 것이다. 몸은 묻지도 않고 늙어간다. 우리는 몸을 통제하지 못한다. 몸에서 일어나는 세포분열은 스스로 알아서 일어난다. 일상에서 마주치는 상황과 사람들도 우리의 통제를 벗어난다. 나아가 우리는 자신의 생각조차 통제하지 못한다. 대부분의 생각들이 미처 초대하기도 전에 머릿속에 도착한다. 따라서 통제의 방을 빠져나오기 위한 열쇠는 바로 '내려놓음'과 '내맡김'이다. 일상에서 통제할 수 있는 것이 그리 많지 않음을 깨닫고 받아들이면, '지금 여기'로 돌아와 편안할 수 있다.

통제할 수 없는 것들을 통제하려고 무척 애를 쓰고 살면서, 진짜로 통제할 수 있는 것들은 도외시하고 살지 않았는가? 통제할 수 없는 미래는 통제하고자 그렇게 전전긍긍하면서 지금 나의 마음이 어디로 가는지, 무엇을 믿고, 무엇에 주의력을 집중할 것인지는 그냥 방치하고 살지 않는가? 우리는 자신의 주

내가 생각하는 내가 진짜 나일까?

의와 믿음만을 통제할 수 있다. 그래서 앞에서 나는 주의와 믿음을 우리 인생을 좌우하는 두 가지 힘이라고 말한 것이다.

내면의 상태가 얼마나 관점에 좌우되는지 안드레아의 예를 통해 살펴보자. 안드레아는 끊임없이 자녀들에게 무슨 일이 생길지도 모른다는 두려움을 안고 산다. 어느 날 저녁 그녀는 거실에 앉아 딸이 자전거를 타고 집으로 돌아오는 것을 기다린다. 딸이 혹시 오는 길에 사고를 당하거나 성폭행을 당하지는 않을까 전전긍긍하면서 여러 가지 끔찍한 시나리오를 머릿속으로 돌린다. 하지만 그동안 딸은 친구들과 함께 자전거를 타고 집으로 돌아오며 즐겁게 잡담을 나눈다.

안드레아의 이성은 두려운 생각들을 양산한다. 그리고 그 생각들과 함께 미래에 대한 상상이 시작된다. 이런 상상에 주의(첫 번째 힘)가 기울어지고 안드레아가 이것을 믿으면(두 번째 힘), 자연스럽게 패닉 상태가 된다. 다른 선택이 없다. 이것은 인과법칙과 같다. 스스로 두려운 생각에 먹이를 공급하고 있기 때문이다. 주의를 두려운 상상에 집중하고, 그런 상상을 믿어버리면 상상은 더 강해지며 힘이 세진다. 그리하여 어쩔 수 없이 통제의 방에 들어가게 된다. 반면 안드레아의 딸은 미래에 대한 상상에서 자유로운 상태이기 때문에 친구들과 '지금 여기'를 누린다.

우리는 이성이 뱉어내는 생각들을 통제할 수 없다. 하지만 주의를 어디로 향하게 할 것인지, 무엇을 믿을 것인지는 컨트롤할 수 있다. 바로 이 부분에서 통제력을 건강하게 발휘하는 방법을 살펴보려 한다. 행복한 삶을 원한다면 지금까지의 이야기를 숙지해야 한다. 그러므로 다시 한번 간략히 정리해보자.

1. 당신의 주의는 당신의 생각을 따른다.

2. 어떤 생각을 믿으면 그 생각에 부합하는 에고의 방에 들어가게 된다.

3. 그 방의 관점으로 세상을 바라보면, 그에 따라 느끼고, 생각하고, 행동하게 된다.

대부분의 사람들은 내면 상태가 외적인 요인들에 좌우된다고 믿는다.

"돈 많고, 건강하고, 명망이 있으면 행복할 거야. 그러지 못하니까 불행해."

하지만 그렇지 않다. 부유하고 건강하고 명망이 있는데도 행복하지 않은 사람들이 얼마나 많은가? 반면 단순하고 소박하게 살거나 심지어 중병에 걸렸어도 행복한 사람들이 있다. 행복은 외부적 요인이 아니라 내적인 태도, 즉 자신이 처한 삶의 상황을 어떻게 보느냐에 좌우된다.

에고의 방에 들어가 그 방의 관점을 취하면 어떤 방식으로 행동하게 될지 불 보듯 뻔하다. 이 책에서는 마음 챙김의 4단계를 통해 현재의 상태를 알아채고, 에고의 방에서 다시 나오도록 돕고자 한다. 각 단계들을 숙지할 수 있도록 차례차례 소개할 예정이다. 마음 챙김의 4단계를 거쳐 당신은 열 가지 에고의 방에서 빠져나올 수 있을 것이다.

마음 챙김의 4단계

1. 지금 여기로 돌아오기

2. 상황을 있는 그대로 다정하게 지각하기

3. 있는 그대로 받아들이기

4. 새로운 방향으로 나아가기

마음 챙김 1단계: 지금 여기로 돌아오기

이번 장에서는 '마음 챙김'의 4단계 중 첫 번째 단계 '지금 여기'로 돌아오는 것만 다루려고 한다. 당신은 주의를 컨트롤할 수 있다. 이것이 바로 명상이 가져다주는 커다란 선물이다. 주의를 컨트롤할 수 있는 것은 우리에게 달려 있다. 스쳐가는 모든 것에 무분별하게 주의를 기울일 필요가 없다. 성급하게 현혹당해 어떤 생각으로 주의가 집중된다면, 거기에서 주의를 다시 거두어서 지금 여기로 돌아와야 한다.

지금 여기로 돌아오는 것은 마음 챙김의 첫 단계이며, 통제의 방에서 나오는 첫걸음이다. 이 단계는 당신을 다시 지금의 현실로 데려올 것이다. *지금 여기*만이 실제이고, 다른 모든 것은 머릿속 환상에 불과하다. 5분 전의 상황은 지나갔고, 5분 뒤 무슨 일이 있을지는 아무도 모른다. 매 순간이 새롭고 신선하다는 걸 지각하라. 매 순간은 이전에는 결코 경험하지 못한 시간이다. 우리가 보고 지각하는 모든 것은 처음 일어난 일이다. 세상을 새롭게 발견하고 모든 것을 신기해하고 경탄하는 아이가 되어라. 이 순간은 당신 삶의 가장 중요한 순간이다. 실재하는 건 이 순간뿐, 다른 순간은 없다.

지금 이 순간이 삶의 가장 중요한 순간이다.

'지금 여기'로 오는 가장 쉬운 방법은 호흡과 신체를 통해서다. 호흡과 신체는 늘 지금 여기에 존재하므로, 당신을 이 순간에 머물게 하는 좋은 닻이다. 그러므로 계속 읽어 내려가면서 당신의 호흡에 집중해보라. 공기가 어떻게 신체로 유입되고 다시 떠나는지를 느껴보라. 들숨과 날숨의 전 과정을 통해 호흡의 흐름과 접촉을 유지하라.

몇 분 정도 그렇게 하고 있으면 이전과 차이가 느껴질 것이다. 내적으로 더 고요해지고 안정감이 들 것이다. 목적지에 '도착한' 듯한 느낌이 들 것이다. 선禪 스승인 틱낫한은 마음 챙김의 핵심을 "나는 도착했다. 나는 집에 있다."라는 말로 간결하게 표현했다. 여기서 집은 장소가 아니다. 당신이 상상의 세계로부터 현실로 돌아온 상태를 상징한다. 에고의 집을 떠나 넓은 의식 가운데서 쉬는 상태다.

모든 감각을 활용해 지금 여기로 돌아올 수 있다. 현재 무슨 냄새가 나는지, 무슨 맛이 나는지, 무슨 감촉이 느껴지는지, 무슨 소리가 들리는지, 미각, 촉각, 청각, 후각에 주의를 집중하면서 지금 여기로 돌아오는 것이다. 나는 지금 막 밖에서 비둘기가 구구거리는 소리를 듣는다. 내 손가락이 자판을 치는 소리도 들리고, 손가락 아래 자판의 감촉도 느낀다. 그러므로 지금 글을 쓰면서 생각을 하고 있을지라도 나는 내 생각 속에 완전히 매몰되지 않는다. 내 주의의 일부는 몸에 닻을 내리고 감각적 지각이나 호흡을 향한다. 그로써 지금 여기에 있다.

나와 함께 명상을 시작한 이래, 안드레아는 아이들에게 무슨 일이 생길지도 모른다는 공포스런 상상이 떠오를 때마다 시종일관 주의를 지금 여기로 데려오는 연습을 한다. 호흡으로 주의를 돌리고, 신체를 의식적으로 지각한다. 지금 여기는 생각의 세계보다 항상 더 자비롭다. 이 방법으로 안드레아는 조금씩조금씩 비정상적인 걱정을 줄일 수 있었다.

당신의 호흡을 느끼는가? 계속 그 상태에 머물면서 호흡을 주시하는 동시에 다리와 발을 지각하라. 다리와 발을 편안하게 하고, 지금 필요하지 않은 모든 긴장을 풀어버려라.

다음으로 골반을 느껴보라. 엉덩이 근육을 이완시키고 골반 바닥을 이완시켜라. (골반 바닥은 배뇨를 조절하는 부분이다. 골반 바닥 근육을 잠시 긴장시켰다가 이완시킨다.)

호흡에 주의를 고정시키고 배를 편안하게 이완시켜라. 손과 팔은 쉬게 해야 한다. 팔 부분에서도 지금 여기에서 필요하지 않은 긴장은 풀어야 한다. 어깨를 움츠리지 말고 부드럽게 이완하라. 무거운 배낭을 벗어던진다고 생각하면 된다.

아래턱을 부드럽게 움직여 저작근이 부드러워지게끔 하라. 이제 골반 바닥을 다시 한번 이완시킨다. 턱관절과 골반 사이가 근막으로 연결되어 있기 때문에 위쪽을 수축시키면 종종 아래쪽도 수축이 되고, 반대로 아래쪽을 수축시키면 위쪽이 수축된다. 얼굴은 인상을 쓰지 말고 부드럽게 하라. 제3의 눈, 즉 미간의 긴장을 풀고 머리의 맨 윗부분을 부드럽게 열어놓아라.

이제 당신은 지금 여기에 도착했다. 책을 읽으면서도 현재의 순간으로 돌아올 수 있다. 하지만 이런 행동을 일회적으로 그쳐서는 안 된다. 이 과정을 일생 동안 반복해야 한다! 양치질이나 샤워와 마찬가지다. 그러다 보면 언젠가 지금의 순간에 머무는 습관이 생기고 다른 곳을 헤매고 있으면 기분이 안 좋아진다.

이제부터 책을 읽는 내내 호흡 및 신체와 연결을 잃지 않도록 해야 한다. 호흡을 주시하고 신체를 느끼는 동안, 늘 지금 여기와 연결된다.

지금 여기로 돌아오면 자동적으로 통제의 방을 떠나게 된다. 왜냐하면 우리가 더 이상 미래에 있지 않기 때문이다. 미래는 걱정과 두려움을 불러일으켜서 자꾸 통제 행동을 하게 하는 유일한 장소다.

호흡과 신체가 느껴지는가? 이제부터 살면서 어떤 문제가 떠오르면 지금 여기에서 무엇이 잘못되었는가를 물으라. 템포를 늦추고, 정확히 느껴보라. 당신은 어딘가에 서 있거나, 앉아 있거나, 누워 있는 사람이다. 바이런 케이티에 따르면 이것이 우리가 취할 수 있는 세 가지 자세다. 당신은 어딘가에 서 있거나, 앉거나, 누워 있다. 이것이 현실이다.

지금 여기서 무엇이 맞지 않는가? 질문은 5분 뒤 혹은 2주 뒤에 무엇이 잘못될 수 있는가 하는 것이 아니다. 5분 전 혹은 2주 전에 무엇이 잘못되었는가도 아니다. 질문은 지금 무엇이 잘못된 상태인지를 묻는 것이다. 안드레아가 아이들을 걱정할 때 내가 안드레아에게 했던 질문도 바로 이것이다. 이런 질문은 그녀가 불안을 떨쳐버리는 데 도움을 주었다.

우울했던 시절, 나도 늘 이렇게 자문하곤 했다. 하지만 잘못된 것을 찾을 수 없었다. 나는 "의자에 앉아 숨을 들이쉬고 내쉬는 남자"였다. 나는 다음번 호흡으로 들어갔고 이렇게 되물었다.

"그럼 지금은? 이제 뭐가 잘못되었지?"

늘 모든 것이 괜찮았다. 그렇게 나는 순간순간 한 호흡, 한 호흡 나아갔고, 잘못된 것은 다만 나와 주변 사람, 그리고 상황에 대한 나의 생각일 뿐임을 확인했다. 미래나 과거로 주의를 돌리지 않는 한 문제가 없다. 어딘가에 주의가 집중되고, 내가 어떤 생각을 믿기 시작할 때 비로소 나는 문제를 갖게 된다. 그밖에는 모든 것이 괜찮다!

마음 챙김은 근육처럼 기능한다. 자주 사용할수록 근육이 강해지듯이 주의를 지금 여기로 돌리는 연습을 자주 할수록 에고의 방에 사로잡혀 있지 않고, 현재에 존재하는 기간이 더 길어진다. 물론 연습을 해야 한다. 그래서 틱낫한은 종종 'remember to remember'를 당부했다. 즉, 이 순간으로 돌아와야 하는 것을 기억하라는 것이다.

내가 생각하는 내가 진짜 나일까?

실제적인 연습

멈추기

지금 여기로 돌아오기 위한 틈을 내본다. 지금 여기가 당신의 집이다. 주변에 들리는 소리와 정적에 귀를 기울여보라. 신체를 느끼고 긴장을 풀어야 한다. 생명에 자신을 내맡겨라. 당신이 개입하지 않아도 생명은 당신을 살게 한다. 걱정이나 문제가 떠오를 때마다 지각하라. 당신은 지금 어딘가에 앉거나, 서거나, 누운 사람임을. 이렇게 질문하라. 내 주의가 생각을 따르지 않는다고 뭐가 잘못될까?

내어주기

늘 도움과 지원 속에 살고 있음을 지각해야 한다. 뭔가를 보태지 않아도 신체는 당신을 위해 일한다. 혈관 속에서는 혈액이 맥동하며, 숨도 자동적으로 쉬어진다. 우리가 일부러 쉬고자 하는 것이 아니다. 1분간 숨을 참아보라. 자연스럽게 신체가 공기를 들이마시고 숨을 쉬기 시작할 것이다. 당신은 아무것도 할 필요가 없고 통제할 수도 없다. 호흡할 때마다 생명이 뒷받침해주고 있는 것이다. 생명이 이미 당신을 살게 한다. 애쓸 필요가 없다. 긴장을 풀고 몸에서 힘을 뺀 채로 생명을 신뢰하라.

통제의 방 들여다보기

상태

통제의 방에 있는 사람은 걱정을 하고, 미래를 두려워한다. 모든 것을 통제하고자 한다. 스스로를 몰아붙이고, 바짝 긴장하고, 책임감을 느끼며, 사사건건 개입하려 한다.

믿음의 문장들

- 통제해야 해.
- 혼자서 해야 해.
- 애써야 해.
- 정신 바짝 차려야 해.
- 강해져야 해.
- 잘해야 해.
- 늘 조심해야 해.
- 능력이 있어야 해.
- 완벽해야 해.
- 내 책임이야.
- 내게 혹은 다른 사람에게 나쁜 일이 일어날지도 몰라.
- 모든 걸 잃을지도 몰라.
- 사회에 위기가 올지도 몰라.
- 세상이 멸망할지도 몰라.

내가 생각하는 내가 진짜 나일까?

감정

- 불안한, 초조한, 스트레스 받는, 지친, 좌절한, 무기력한, 화나는, 짜증나는, 의심스러운, 외로운, 부담스러운, 힘에 부치는, 염세적인
- 실패, 상실, 거절에 대한 두려움
- 재정적 파탄에 대한 두려움
- 질병이나 죽음에 대한 두려움
- 사회적 추락, 전쟁, 지구 멸망, 환경 파괴에 대한 두려움

행동 패턴

- 분석하고, 통제하고, 안전 확보를 위해 대책을 마련하고, 정신을 다잡고, 쟁취하려 한다.
- 늘 마음이 산란하고, 열심을 내며, 행동주의로 스스로를 몰아가고, 완벽주의 성향을 보인다.
- 주의가 늘 미래를 향하며, 염세적이다.

출구

- 일상에서 틈틈이 '지금 여기'로 돌아온다. 호흡을 통해 신체를 느낀다.
- 관찰하고 깨닫기: 내가 통제할 수 있는 건 별로 없다.
- 질문하기: 지금 여기에서 무엇이 잘못되어 있는가? 지금 여기에서 어떤 느낌이 좋은가?
- 내어주고 받아들이기: 생명이 이미 당신을 살게 하고 있다.

두 번째 방

열등감의 방

"나는 부족함이 없는 별은

만나보지 못했습니다.

당신을 별로 만들어주는 것은

당신이 가진 것들이 아니라,

당신에게 없는 것들입니다."

_게오르게 미하엘 [4]>

열등감의 방은 오랜 세월 동안 나의 주된 거처였다. 이 방은 에고의 집 지하에 있다. 이 방에 들어감으로써 우리는 말 그대로 가장 아래쪽에 다다른다. 나는 늘 똑같은 생각 때문에 이 방으로 이끌려 들어갔다. 바로 '난 사랑받을 만큼 괜찮은 사람이 아니야.'라는 생각이었다. 어느 날 이런 문장이 내 의식에 떠올랐고, 내 주의(첫 번째 힘)는 그 음성을 따라갔다. 나는 이성이 들려주는 말을 믿었다(두 번째 힘).

한번 열등감의 방에 들어간 후, 나는 무슨 일이 있을 때마다 '나는 사랑받을 만한 사람이 못 돼.'라는 결론을 내렸다. 제과점에 들렀는데 종업원이 미소를 지어주지 않으면 금세 실망해서 '그래. 난 찌질해 보이잖아.'라고 생각했고, 강아지를 쓰다듬으려는데 강아지가 도망가버려도, 내가 누군가를 좋아하는데 상대가 시큰둥한 반응을 보여도 내가 못나서 그렇다는 마음이 치고 올라왔다. 길 가다가 횡단보도에서 빨간 신호등에 걸렸을 때조차 '우주가 나를 달가워하지 않는다는 사실이 여기서도 증명되네.'라고 생각했다. '난 사랑받을 만한 사람이 못 돼.'라는 문장은 내 개인 차트의 부동의 1위였다. 나는 계속해서 이런 갑갑한 상태로 들어갔고, 이미 그 상태에 있었을 때조차 그 상태로 더 깊이 들어갔다.

열등감의 방에 어떻게 빠져들까

열등감의 방에는 내면의 비판자가 기거한다. 그는 당신이 또다시 일을 그르쳤고, 실수했으며, 아웃사이더이고, 모자라는 사람이라고 외친다. 그에게 이끌려 열등감의 방으로 한번 들어가면, 그는 온종일 당신 곁에서 말을 건다. 때로는 귀에 대고 크게 소리를 지르고, 때로는 뒤편에서 나지막이 속삭인다. 어쨌든 그는 언제나 당신 주변을 맴돈다. 이 방의 분위기에 사로잡혀 당신의 기분도 불안하고, 초조하고, 자신 없고, 외롭고, 자기 의심으로 가득 차게 된다.

당신은 자존감을 회복하고 열등감을 느끼지 않기 위해 모든 일을 잘하려고, 가능하면 완벽하게 하려고 노력할 것이다. 이 일은 굉장히 힘들다. 그도 그럴 것이 계속 다른 사람들의 머릿속으로 뜀뛰기를 하며 그들의 눈치를 봐야 하기 때문이다. 당신은 다른 사람들이 당신에게 무엇을 기대하는지 알아내려고 하면서 자신의 신념대로 살지 않고, 다른 사람의 시각으로 모든 사안을 들여다본다.

물론 잘하려고 애쓰면서 열등감의 방에 약간의 생기를 불어넣으려고 할 때도 있다. 하지만 열등감의 방은 온통 회색으로 칠해져 있다. 게다가 아무리 애를 써도 내면의 비판자는 만족을 하지 못하고 계속해서 당신을 아래로 끌어내린다. 당신이 예전의 나처럼 오랜 시간 이런 의기소침한 상태에 머물면, 이성은 점점 더 방 깊숙한 곳으로 당신을 안내할 것이다. 그러다 보면 결국 우울증에 이른다.

명상 공동체로 들어가 마음 챙김을 훈련하기 시작했을 때 나는 내면의 비판자가 온종일 얼마나 무자비하게 말을 걸어오는지를 확인했다. 이 내면의 음성은 어린 시절부터 나를 따라다녔지만, 주의 깊게 관찰하면서 비로소 그가 얼마나 강력한지를 알 수 있었다. 나는 명상 공동체에서도 내면의 비판자가 하는 비난을 들었다. 이번에는 나의 마음 챙김 수련에 대해서 비판을 했다. 내가 잠시 호흡을 놓치거나('지금 여기'에 있기 위해 호흡을 주시하는 것은 그곳에서 내가 해야 하는 지속적인 과제였다.) 밥을 태우기라도 하면 내면의 비판자가 즉각 등장해서 은근히 지적을 하거나 대놓고 질책했다.

나는 이 음성을 '나의 게슈타포'라 불렀다. 이것은 내가 더 이상 내면의 비판자와 나 자신을 동일시하지 않고 거리를 확보하는 데 도움을 주었다. 유머도 내면의 비판자와 거리를 취하는 데 상당히 도움이 된다. 스스로에 대해 웃을 수 있으면, 더 이상 해당 상태와 나를 동일시하지 않게 된다. 하지만 나는 그 음성을 이제 더 이상 게슈타포라 부르지 않는다. 게슈타포라는 말로 인해 다시금 비판이 진행되기 때문이다. 그 음성을 게슈타포라 부르면 나는 그것을 판단하고, 그 음성이 내게 쏟아붓는 비판에 동일한 에너지를 들여 반박을 해야 한다. 최근에 나는 내면의 음성과 좀 더 거리를 두고, 태연하게 만나고 있다.

내면의 비판자를 갖게 된 것은 혼란스러웠기 때문이다.
우리는 보호 차원에서 그를 곁에 두었다.

내면의 비판자는 우리를 외부의 비판에서 보호해주고자 한다. 일종의 예방 차원이다. 다른 사람이 당신을 비판하기 전에 내면의 비판자가 먼저 비판한다. 대부분의 사람들이 모르는 사실은 바로 이 내면의 목소리가 훨씬 더 고통을 안겨준다는 것이다. 외부의 비판자는 어느 순간 말을 그친다. 하지만 내면의 목

내가 생각하는 내가 진짜 나일까?

소리는 계속 들려온다! 내면의 비판자는 당신이 더 이상 그의 말을 믿지 않을 때까지, 당신의 주의가 그에게 더 이상 에너지를 공급해주지 않을 때까지 남아서 속삭인다.

다시 몇몇 사례로 열등감의 방이 어떤 특성을 지니는지, 무엇이 우리를 그리로 인도하는지 보기로 하자. 베로니카는 음악가인데, 때로 이성이 만들어내는 말도 안 되는 상상에 주의가 꽂히곤 한다.

이를테면 침대에 누워서 누군가를 떠올려요. 15년 정도 본 적이 없는 옛 친구를 말이에요. 예전에 나랑 피아노를 같이 친 친구인데, 지금은 잘나가는 교수가 되었죠. 그럴 때면 이런 생각이 떠올라요. "그 친구도 지금 나를 떠올리며 그 애는 대체 뭘 하고 있나 생각하겠지? 많은 사람들이 그렇게 생각할 거야. 모두가 그 생각을 할 거야." 이것이 내 인생의 기본 정서예요. 외모도 좋지 않지, 직업적으로도 성공하지 못했지, 결혼도 하지 않고 독신으로 살지, 내세울 게 하나도 없어요. 사람들이 나를 안됐다고 여길 거라고 생각해요.

이런 과정은 모든 방에서 똑같이 진행된다. 당신은 이성의 목소리와 상상을 믿는다. 그리하여 특정 감정을 가지게 되고, 이 감정으로 인해 특정 방식으로 행동하게 된다.

사람들과 접촉하지 않고, 일도 하지 않고, 수년간 집에 틀어 박히다시피 살고 있는 사람들이 있다. 뭔가 근사하게 해낼 수 없을 것 같은 공포 때문이다. 뭔가 시작했다가 '실패'를 하면 내면의 비판자가 당장에 공격을 개시할 것이다.

열등감의 방에 눌러앉아 계속해서 내면의 비판자가 하는 말을 믿으면, 외부의 비판에 아주 민감해진다. 자기비판으로 가득 차 있다 보니 외부의 부정적인 평가가 도저히 견딜 수 없는 것으로 다가온다. 그런 평가로 말미암아 자신이 더욱 실패자가 되기 때문이다.

'실패'는 늘 주관적인 판단에 달려 있다. 자신이 실패하고 있는지, 그렇지 않은지 내면의 비판자를 믿을지 안 믿을지는 결국 자신의 선택이다. 높이뛰기 가로대를 2미터 높이에 놓고 "이걸 뛰어넘어야 해. 그렇지 않으면 실패하는 거야."라고 말할 수도 있다. 반면 가로대를 10센티미터 높이로 놓을 수도 있고, 아니면 있는 그대로의 자신에 충족감을 느끼며 뭔가를 뛰어넘을 수 있든 없든 상관없다고 할 수도 있다.

내면의 비판자가 하는 소리를 듣기 시작하자마자 당신은 열등감의 방 안에 억류된다. 그러면 (이성이 만들어내는) 비판적 음성에 대한 두려움에 완전히 휩싸이게 된다. 잠수를 타고, 퇴각하고, 숨어버리는 유형이 아니라면, 이런 상태에서 당신은 타인의 마음에 들기 위해, 최소한 부딪히지 않기 위해 모든 것을 하려 할 것이다. 외부의 기대를 채우고자 노력할 것이다. 원래는 거절을 하고 싶은데도 수락을 하거나, 수락하고 싶은데도 거절을 하게 될 것이다. 그럴 기분이 아닌데도 웃음을 흘리고, 사람들에게 싫은 소리를 듣지 않으려고 거짓말을 감수할 것이다.

열등감의 방에서 우리는 다른 사람의 마음에 들 때라야 자신의 가치가 올라간다고 확신한다. 이런 어리석은 믿음은 이해하기 힘든 행동 패턴을 동반한다. 가령 릴리는 택시에 타면 늘 앞자리에 앉는다. 마음은 뒷자리에 앉고 싶지만 운전사가 자칫 자신을 거만하다고 여기지 않을까 해서다. 같은 이유로 그녀는 운전사에게 두둑한 팁을 준다. 사람들이 자신을 나쁘게 생각하면 어쩌나 하는 마음에 지인이랑 식사를 해도 늘 자신이 식사비를 지불하겠다고 나선다. 좋은 인상을 주려고 노력하다 보면 스스로를 착취하기 십상이다. 다음 사례의 소피아도 그렇다.

나는 매일 원래 의도보다 일을 더 오래해요. 맡은 것으로는 충분하지 않다는 생각이 들어서 늘 더 많이 하죠. 상사의 말에 반대 의견도 제시하지 못해요. 상사가 사안을 자세히 알지 못하고 말을 하는데도 말이죠.

사적으로도 그런 일이 일어나요. 최근에 나는 스키 리조트를 예약하고, 방값도 내가 그냥 다 치렀어요. 친구에게 가격을 이야기하기가 좀 그래서요. 내가 너무 좀스럽고 인색해 보일까 봐 염려가 됐거든요.

이런 상태에 있을 때 흔히 나타나는 또 하나의 증상은 바로 칭찬을 받아들이기가 힘들다는 것이다. 내면의 비판자로부터 비난을 듣지 않도록 모든 걸 잘하려고 애를 쓸지라도, 누군가로부터 잘했다고 칭찬하는 말을 들으면 부담스럽기 짝이 없다. 나 또한 마른 해면이 물을 빨아들이듯 칭찬을 갈급해하면서도, 누군가로부터 칭찬을 들으면 정말 거북스러웠다. 두 목소리가 싸우는 것 같았다. 나를 높이 평가해주는 상대의 목소리와 그냥 예의상 그렇게 말한 것일 뿐 사실은 전혀 그렇지 않다고 주장하는 내면의 목소리가 서로 대치했다.

그래서 칭찬의 말들은 보통 쏜살같이 나를 스쳐가버렸다. 열등감의 방으로부터 나오는 생각들이 기본적으로 훨씬 믿음직스럽게 다가오기 때문이다. 우리는 이런 상태에서 굉장히 외로움을 느낀다. 칭찬과 인정의 말을 들어도 스스로 그것을 들을 만하지 않다고 믿는다.

열등감의 방에 들어가 있으면 우리가 지각하는 것은 외적인 현실과 그다지 관계가 없다. 사랑, 인정, 존경을 받고 있는데도 열등감에 사로잡혀 있는 경우가 많다. 이미 언급한 릴리는 아나운서로 일하며 시청자와 동료들에게 존경을 받고 있다. 하지만 정작 자신은 일에서 능력을 발휘하지 못하고 있다고 여긴다. 이 일을 얼마나 오래했느냐는 질문에 릴리는 이렇게 대답했다.

"30년 이상 아나운서로 일했어요. 하지만 나는 이제 곧 모두

내가 생각하는 내가 진짜 나일까?

가 내가 원래는 맹탕이라는 걸, 능력이 없는 여자라는 걸 눈치 챌 거라고 생각해요."

이런 말만 봐도 우리 자신이 위치한 방의 관점이 현실을 얼마나 다른 색으로 물들일 수 있는지, 우리가 자신과 주변 환경을 명확하게 지각하기가 얼마나 어려운지를 알 수 있다. 릴리는 벌써 몇십 년째 자신의 일을 탁월하게 해내며 좋은 평가를 받고 있는데도, 이성은 그녀에게 계속해서 반대의 메시지를 전해주고, 그녀는 그 말을 믿고 있는 것이다. 칭찬을 받으면 그 말을 대수롭지 않게 여기거나, 상대가 예의상 입에 발린 소리를 하는 것뿐이라고 여긴다.

열등감의 방에 있을 때 상당히 자주 하게 되는 행동은 바로 비교다. 다른 사람과 나를 자꾸 비교하는 것이다. 소유, 능력, 외모, 업적을 비교한다. 타이Thay(틱낫한의 애칭)는 비교하는 순간 자동적으로 괴로움이 따른다고 입버릇처럼 말했다. 이것은 수학 공식과 같다. 비교=괴로움. 릴리도 비교하는 음성에 주의를 기울이며 열등감의 방으로 따라 들어가곤 한다.

진행하던 방송 프로그램이 폐지되자 방송국 경비원이 이렇게 물었어요. "자, 방송이 끝났으니 이제 뭘 하실 건가요? 텔레비전 프로그램을 계속 하나요?" 그래서 내가 어떻게 했게요? 일정표를 가져와서 앞으로 어떤 프로그램이 계획되어 있는지 알려주었어요. 그러다가 갑자기 '내가 지금 뭐 하는 거지?' 싶어 말을 중단했지요.

릴리는 경비원이 그냥 지나치듯 던진 질문에 다른 사람이 아니라 자기 자신과 비교를 하고 말았다. 경비원에게 자신이 예전처럼 여전히 잘나가고 있음을 증명하려 했다. 자기 자신과의 비교도 (보통은) 괴로움을 자아낸다.

"옛날에 나는 더 쌩쌩하고 체력이 좋았어. 그리고 잘나갔어. 머리도 좋고, 돈도 많이 벌고, 머리숱도 많았어."

따라서 타인과 비교하든 자신과 비교하든 장기적으로 문제가 생긴다. 현재의 상태를 선입견 없이 흥미롭게 관찰하는 대신 계속 언제보다 좋다, 나쁘다 따지고 있으니 말이다. 무엇인가가 혹은 누군가가 더 낫다는 생각은 당신을 계속 몰아가고 쉬지 못하게 만든다. 스스로의 잣대로 판단해서 괜찮아야 비로소 만족스럽다는 생각이 들기 때문이다. 그럴 때라야 당신은 자신의 인생에 오케이 사인을 준다.

이성이 자신의 가치를 특정 업적과 연결시키면, 당신은 늘 새로운 도전거리를 찾아다니며 자신과 세상에 능력과 가치를 증명하고자 할 것이다. 48세의 기업 컨설턴트인 안네는 최근에 새로운 운동을 시작했다. 기술적으로나 체력적으로 만만치 않은 운동이다.

내가 생각하는 내가 진짜 나일까?

서핑을 하며 종종 무능력하다고 느껴요. 큰 파도를 잡지 못하면, 이런 생각이 스쳐요. "내가 이 나이에 여기서 뭘 하는 거지? 서핑을 하기에는 너무 늙었잖아. 카드놀이나 하고 있을 것이지!" 왜 이 나이에 이런 스포츠를 택한 것일까요? 사실 우연이 아닐 거예요. 서핑을 할 때도 난 스스로를 궁지에 몰아넣어요. 서핑보드도 초보자용이 아니라 경력자용을 사용하고 작은 파도가 아니라 높은 파도를 타려고 하지요. 당연히 잘 안 돼요. 큰 파도를 잡으면 어찌나 기분이 좋은지! 하지만 잘 안 되면 자책해요. "난 너무 나이가 많아. 너무 늦게 시작했어. 난 할 수 없어."

운동이나 게임, 시합에서 특히 욕심을 부리는 것은 대부분 남자들이다. 요나스는 30대 초반으로 지는 걸 굉장히 싫어한다.

뒤떨어지는 성과를 내어 웃음거리가 될까 봐 두려워요. 거절당하고, 놀림거리가 될까 봐 두렵죠. 이성적으로는 그렇지 않다는 걸 알지만, 막상 경쟁 상황이 되면 내게는 단 하나의 출구밖에 보이지 않아요. 그냥 1등 하는 거. 그러면 아무도 나를 비웃지 못할 테니까요. 누가 내 앞에서 의기양양해하면 수치스럽고 열등감이 느껴져요.

최근 수영을 하면서 이 모든 것이 의미가 없다는 걸 깨달았어요. 수영할 때 내 왼쪽 레일에서는 할머니가, 오른쪽 레일에서는 꼬마가 수영을 할 수도 있어요. 이런 상황을 시합처럼 느끼는 건 정말 말도 안 되는 일이죠. 그런데도 나는 공연히 경쟁심이 발동해 젖 먹던 힘을 다해 수영을 해요. 건강상으로도 좋지 않은데 나를 한계로 몰아붙이지요. 그냥 자동적으로 태엽 풀리듯이 그렇게 돼요. 그러다 어느 순간 그것이 얼마나 의미 없는 일인지를 깨달아요. 내 옆에서 수영하던 분이 나보다 30~40년 연상이라는 걸 확인하게 될 때면요.

대부분의 사람들은 스스로 자신의 몸과 강한 동일시를 느끼기 때문에, 열등감의 방에서 외모는 특히나 내면의 비판자의 엄격한 감시를 받는다. 내면의 비판자는 조금이라도 마음에 들지 않는 부분이 있으면 그것을 강하게 부각시키고, 거식증으로 몰아가기까지 한다. 다이어트, 패션 상품, 화장품, 미용 제품, 피트니스, 영양보충제, 성형수술 시장이 그렇게 거대해진 것도 우연이 아니다.

서른 살의 로베르트는 잘생긴 남자다. 일주일에 서너 번 피트니스 클럽에 다닌 덕분에 근육도 제법 발달했다. 그러던 중 일주일 정도 피트니스 클럽에 가지 못하자 배가 나오면 어쩌나 우려가 되었고, 내면의 비판자는 다시금 피트니스 클럽에 가서 배를 '들여보낼 때까지' 가만히 있지를 않았다.

우어줄라도 매력적인 여성으로 정평이 나 있었다. 60대 중반이 되자 그녀는 젊은 시절을 돌아보며 이렇게 말했다.

내 몸은 늘 좋은 상태를 유지해야 했어요. 예쁘고, 날씬하고, 탄탄해야 했지요. 성에 차지 않으면 가만히 있지 않았어요. 운동도 많이 했고, 늘 예쁘게 화장을 하고, 값비싼 옷도 구입했지요. 사고 싶은데 살 수 없거나, 마음에 들지 않는 부분이 생기면, 마음 한켠이 불편했어요. 주름이 생기는 것에 절망했고, 예쁘지 않은 다리도 신경이 쓰였죠. 그러면 어떻게든 보완하려고 애썼어요. 웃긴 게, 나는 늘 주변 사람들에게서 외모에 대한 찬사를 들었고, 연인도 있었다는 거예요. 그럼에도 내가 우아하고 매력적이라고 믿지 않았어요. 요즘에서야 옛날 사진들을 보며 이렇게 생각해요. "맙소사, 넌 아주 매력적인 여자였잖아. 왜 그걸 몰랐지? 왜 그렇게 믿지 않았지? 왜 당시에 그걸 누리지 못하고 그렇게 끊임없이 불만족했던 거야?"

엘라 피츠제럴드Ella Fitzgerald는 비평가나 청중들에게 전 시대를 통틀어 최고의 가수 중 한 사람으로 평가됐다. 그녀의 커리어는 60년이나 지속되었고, 그녀는 'Queen of Jazz' 및 'First Lady of Song'으로 추앙되었다. 그럼에도 그녀는 늘 자기 의심에 시달렸다. 죽기 하루 전날 그녀는 친구에게 이렇게 말했다.

"내가 그토록 오래 가수 활동을 해온 것이 이해가 되지 않아. 나보다 목소리도 좋고, 노래도 잘하는 가수들이 많은데 말이야. 내가 어떻게 그토록 오래 활동할 수 있었는지 모르겠어."

엘라는 그렇게 말한 뒤 한동안 창문 밖의 정원을 물끄러미 바라보고 있다가 다시 친구에게로 고개를 돌리며 이렇게 말했다.

"아, 뭔지 알겠다! 내가 부르는 노래들! 사람들이 좋아하는 건 그 노래들이야."[5]

도피 방법

에고의 집에 있는 열 개의 방 중 다섯 개 방에서 괴로움은 특히 심하다. 열등감의 방도 그중 하나다. 그 외에 무기력의 방, 결핍의 방, 혼란의 방, 죄책감의 방이 굉장히 고통스럽게 지각된다. 이들 방에서 어떻게 빠져나올지 모르는 경우, 조금이라도 괴로움을 줄여보려고 갖은 노력을 다할 것이다. 그런 노력은 대부분 소비나 활동의 형태를 띤다. 열등감의 방에서도 마찬가지다. 많은 사람들에게 쇼핑은 낮은 자존감을 가리기 위한 도피 방법 중 하나다. 나는 파티와 술로 도피하곤 했다. 일, 섹스, 새로운 사랑, 도박, 음식 등 도피 전략은 사람마다 다를 수 있다. 중독될 수 있는 건 참 여러 가지다.

뭔가에 중독되는 건 에고의 방에 머무르는 것이 고통스러워 출구를 찾으려 하기 때문이다. 상태가 고통스러울수록 그것을 경감시키기 위한 약물의 강도는 더 세지고, 양은 더 많아진다. 떠오르는 감정과 생각을 다루지 못하는 상태에서는 더 많은 술과 더 센 약물의 힘을 빌려야 할 것이다. 이것은 신체적 고통과 비슷하다. 통증이 심할수록 약을 더 세게 먹어야 하지 않던가?

거리에서 마약을 하는 사람들은 특히나 그 고통이 극심한 사람들이다.

달리 어찌해야 할 바를 모르기에 본인이 우선시하는 수단을 절망적으로 부여잡는다. 주의를 내면의 비판자에게서 돌려 다른 상태로 들어가는 것이다. 하지만 이런 식의 도피 전략으로 고통을 경감시키는 것은 지속가능하지 않다. 보통 (잠시 취한 뒤에) 예전에 머물던 에고의 방에 더 깊숙이 떨어지고 만다.

열등감의 방에서 빠져나오기

열등감의 방에서 빠져나오는 데에도 첫 번째 방에서 배웠던 마음 챙김의 4단계가 도움을 준다. 여기서 다시 한번 조망을 한 뒤 두 번째 단계를 집중적으로 살펴보기로 하자.

마음 챙김의 4단계

1. 지금 여기로 돌아오기

2. 상황을 있는 그대로 다정하게 지각하기

3. 있는 그대로 받아들이기

4. 새로운 방향으로 나아가기

마음 챙김 2단계: 상황을 있는 그대로 다정하게 지각하기

마음 챙김의 1단계가 집으로, 즉 *지금 여기*로 돌아오는 것임을 기억하라. 호흡 주시와 감각기관을 통해 현재로 돌아오는 것이다. 지금 책을 읽으면서도 당장에 그렇게 할 수 있다. 이 순간에 머물기 위해 당신의 호흡을 닻으로 활용하라.

나아가 신체를 통일체로 느껴야 한다. 신체를 동시적, 능가적으로 지각하라. 이 말이 무슨 뜻이냐고? 풍선을 불면 숨이 풍선의 모든 곳에 동시에 똑같이 작용한다. 즉, 모든 곳이 등가적이다. 당신의 지각도 신체에 등가적으로 동시에 작용하게 하라. 그러나 일부러 힘들이지는 말자.

이제 주변에서 나는 소리와 소리 사이의 고요에도 귀를 기울인다. 그러면서 신체를 편안하게 이완시킨다. 무엇보다 골반과 배, 어깨와 목, 턱과 이마, 이 세 영역의 긴장을 풀고 편안하게 하라. 지금 여기로 돌아오기 위해서는 일상에서 늘 이런 작은 바디스캔Body scan(몸 살피기)을 시행하는 버릇을 들여야 한다. 어떤 에고의 방으로 빠질 위기에 있을 때, 혹은 이미 빠졌을 때 도움이 될 것이다.

지금 여기로 돌아온 다음에는 두 번째 단계로 자신의 내면 상태가 어떤지를 관찰하라. 지금 어떤지, 지금 어떤 느낌과 어떤 생각이 드는지 정확히 보거나 느껴야 한다. 자신의 현 상태와 거리 두기를 힘들어하는 사람들이 꽤 많다. 그들은 이성이 강조

하는 이야기와 시각에 강하게 동화되어 있다. 에고의 방 중 하나에 주의를 완전히 **빼앗기고** 있기 때문이다. 그들은 이런 상태가 바로 자신이고, 그들이 듣는 음성이 자신의 음성이라 믿는다. 주의가 한 방에 단단히 붙잡혀 있으면 그들은 자신의 상태를 제대로 지각하지 못한다. 그 상태가 완전히 달라붙어 있어서, 자신의 상태를 제대로 볼 수 없기 때문이다.

그렇다면 당신이 에고의 방 중 하나에 있다는 걸 어떻게 알 수 있을까? 감정과 신체 느낌이 암시를 줄 것이다. 열 개의 상태 중 하나와 동일시하고 있으면 불안하고, 화가 나고, 결핍이 느껴진다. 모든 불쾌한 상태에 불안, 화, 결핍이 동반된다. 이 세 감정 중 하나를 지각하면, 자신의 주의가 문제성 있는 생각을 좇고 있으며 에고의 방 중 하나에 들어가 있다고 보면 된다. 불안, 화, 결핍, 그리고 이에 동반되는 신체 느낌은 당신이 에고의 한 방에 갇혀 있다는 경고다. 이런 감정은 지금 뭔가가 제대로 된 상태가 아님을 보여준다. 신체적 아픔이 당신에게 "여기가 좀 이상해. 신경 써줘!" 하고 말하는 것처럼 말이다. 따라서 당신의 감정과 의식 상태를 지각하고 그것들을 챙기는 것을 배우라. 그러면 고통스런 상태에서 벗어날 수 있다.

마음 챙김 1단계에서 당신은 지금 여기로 돌아온다. 그리고 나면 이미 거리가 생긴다. 두 번째 단계는 *다정하게, 판단하지 않고 지각하는 것*이다. 이것은 굉장히 중요하다. 에고와 이성도 지각은 하지만, 곧장 판단해버리기 때문이다. 에고는 늘 개인적인 관심사를 가지고 있다. 뭔가를 원하거나, 원하지 않거나. 따라서 자신이 관찰하는 동시에 비판하거나 비교하고 있음을 확인하면, 뭔가를 실행하고 있지만 최소한 마음 챙김을 실행하고 있지는 않다고 보면 된다. 관찰하면서 내면의 자세를 다정하게 유지해야 한다. 계속하여 이런 자세로 복귀하라.

마음 챙김 2단계를 통해 내면 상태와 더 많은 거리를 확보할 수 있다. 당신은 스스로를 좋은 친구처럼 관찰하는 것을 배울 것이다. 나는 속으로 약간 옆으로 비켜서서 나 자신을 친근하게 바라보며 이렇게 말한다.

"아, 재밌네, 자기."(나는 나 자신과 이렇게 이야기한다. 하지만 이렇게 되기까지 시간이 많이 필요했다.)

"아, 재밌네, 자기. 지금 막 스스로를 판단하고 있네."

"아, 재밌네, 자기. 지금 또 걱정하고 있구나."

"아, 재밌네, 자기. 지금 또 꼭지가 돌았구나."

보통 약을 받으려면 진단이 먼저 선행되어야 한다. 그러나 이 경우는 좀 다르다. 여기서는 진단이 곧 약이다. 다정하게 지각하는 것(내면 상태를 의식하는 것)이 이미 상태와 거리를 두도록 도와주기 때문이다. 거리는 고통을 덜어주는 방편이다. 이로써 당신은 자동적으로 더 많은 자유를 얻게 되고, 더 기분 좋게 느낀다. 타이(틱낫한)는 이렇게 말하곤 했다.

"의식은 꽃봉오리를 비추는 태양과 같다. 태양을 통해 꽃봉오리가 열린다. 태양이 변화를 만든다."

당신의 의식은 태양이다. 어려운 상황은 꽃봉오리다. 의식을 통해 이미 변화가 일어난다. "내가 지금 에고의 방에 있구나."라고 깨달음으로써 이미 한 발은 밖에 있는 것이나 마찬가지다. 그럴 때 꽃봉오리가 열린다.

다정하게 관찰하면 더 이상 내면의 드라마나 이성이 만들어내는 목소리에 휩쓸리지 않는다. 당신은 비판하고 몰아붙이고, 완벽을 지향하는 존재를 본다. 하지만 더 이상 그들의 목소리와 자신을 동일시하지 않는다. 당신은 유치원 교사처럼 꼬마들의 드라마를 들여다보고, 경우에 따라 다정하면서도 단호하게 개입할 수 있다. 하지만 당신은 이제 그 드라마에 동참하지 않는다. 다르게 비유하자면, 예전에 당신은 아이로서 유령 열차를 타고 그곳에서 일어나는 사건에 온통 주의를 빼앗겨 그것에 동참했다면, 이제는 성인으로서 거리를 둔 채 바라본다.

관찰자 입장을 취함으로써 사건과 거리를 확보하는 것은 모든 방에서 중요하지만, 비판자의 목소리가 강한 열등감의 방에서는 특히나 중요하다. 그러므로 일상에서 자신의 사고 과정을 관찰하기 위해 늘 주의의 일부를 현재에 머물게 해야 한다. 지금 막 벌어진 일을 인식하는 내면의 증인을 의식하라. 주의의 일부를 이런 관찰자에게 머물게 하면, 더 이상 생각의 세계에서 부유하는 어지러운 영상들에 휩쓸리지 않을 수 있다.

나는 이 방법으로 많은 이들을 도왔다. 앞에서 소개했듯이 늘 초과 근무를 하고, 상사의 말에 아무런 반박을 하지 못했던 소피아도 이 방법으로 도움을 받았다. 대기업 프로젝트에 참여하고 있는 그녀는 다정하게 지각하는 것을 정기적으로 연습한 이래로 어떤 일이 일어나고 있는지를 이렇게 전한다.

나는 이제 일상에서 가능하면 자주 관찰자 입장으로 들어가요. 그래서 상황에 전처럼 크게 흔들리지 않아요. 예전에는 좋지 않은 일이 있으면 내면의 비판자가 곧장 나의 폐부를 찔러서 금방 경직되었거든요.

최근에 회사 대표가 프로젝트 회의에 참석해 특정 부분에 대해 강하게 비판했어요. 모두가 입을 꾹 다물었죠. 대표가 신랄하게 비판을 했기 때문에 굉장히 불쾌했어요. 나 역시 잠시 옛 감정이 몰려와 예전처럼 주눅 들고 뭔가 잘못한 듯한 기분이 들었어요. 하지만 나는 상황을 곧장 있는 그대로 지각함으로써 긴장을 풀고 편안한 마음으로 돌아갔어요. 그러고는 의식을 넓히고 객관적으로 대답했어요. 왜 그의 지적이 타당하지 않은지를 말했죠. 감정이 개입되지 않았기에 조곤조곤 침착하게 말할 수 있었어요. 내적 해방감이 느껴졌죠. 흥미로운 경험이었어요! 대표를 불쾌함 없이 대할 수 있었어요. 그러자 갑자기 회의실 분위기가 바뀌었어요. 대표가 한방 먹

내가 생각하는 내가 진짜 나일까?

었다는 것이 확실해졌기 때문이죠. 대표 역시 그것을 깨닫고 자신의 뜻을 굽혔어요.

내적 고요 – 넓은 의식

다정하게 있는 그대로를 지각하는 것은 내적 고요에 이르는 중간 단계다. 대부분의 사람들은 내적으로 고요해지는 것보다 다정한 지각을 더 쉽게 만들어내고 실행할 수 있다. 하지만 앞으로 더 자세히 설명하겠지만 내적 고요가 우리가 나아가야 할 원래의 방향이다. 이것은 마음 챙김의 4단계다. 하지만 곧장 마음을 고요히 하려고 시도하면 이성이 방어를 시작하고, 더 많은 생각들을 지각으로 쏘아 보낸다. 그러므로 우선 '다정하게 관찰하는' 연습을 하면 어느 순간에 (아주 자동적으로) 내적 고요와 순수한 지각에 이르게 된다. 그러면 더 이상 '다정하게' 하려고 애쓰지 않고, 그냥 의식하기만 하면 된다.

고요하고 순수한 지각, 넓은 의식, 순수하고 맑은 의식, 진정한 자기, 이 모든 것은 같은 상태를 표현하는 단어들이다. 나는 마음 챙김의 4단계에서 이 상태로 나아가고자 한다. 하지만 이 단계를 앞의 세 단계에서도 발견할 수 있다. 계속해서 지금 여기로 돌아오는 훈련을 하면 장기적으로 고요한 내적 상태에 이를 수 있기 때문이다.

내적 고요에 이르면 자유롭다. 내적 고요는 에고의 집 바깥에 있다. 더 이상 정원에 있지도 않고, 에고의 영향력이 미치는 범위를 완전히 떠난다. 넓은 의식에 이르면 더 이상 불안도, 분노도, 결핍도 느껴지지 않는다.

고요해지는 것은 무슨 일이 일어나든 더 이상 그 일을 생각하지 않는다는 의미가 아니다. 오히려 넓은 의식 상태에서 생각들이 지각 영역으로 들어와 한동안 머물렀다 어느 순간 다시 사라지는 것을 관망하는 것이다. 자신의 사고 과정과 거리를 갖는 것이다. 생각들은 껌 딱지처럼 당신에게 착 달라붙어 있지 않고, 당신은 편안하게 한 걸음 떨어진 채 그 생각으로 인해 별다른 부담을 느끼지 않는 가운데 그것을 지각한다.

관찰할 때 내면을 이런 '파노라마' 시각으로 들여다보면 다음을 알아차릴 수 있다.

1. 이성이 당신의 주의에 어떤 정보와 판단을 제공하는가
2. 그 생각들이 어떤 방에서 당신을 부르는가
3. 당신의 주의가 어떤 상태로 들어가는가

이렇게 거리를 두고 멀리서 관찰을 하면 당신은 자동으로 지금 여기에 있게 된다. 주의의 일부는 깨어서 나머지 주의가 어디로 향하는지를 알아차린다.

명상 공동체에서 꽤 오래 앉아서 명상을 한 뒤 나는 처음 의

내가 생각하는 내가 진짜 나일까?

식적으로 내적 고요를 경험했다. 그러고는 세 친구와 함께 쓰는 12평방미터의 방으로 돌아갔다. 옷장을 놓을 자리도 없는 방이었다. 가방과 배낭은 침대 밑에 보관했고, 이전 거주자들이 천장에 줄을 묶어 설치한 대나무 막대기에 젖은 수건, 점퍼, 카디건 등을 걸어놓은 상태였다. 이날 침대에 앉았을 때 나는 내적으로 아주 넓은 상태가 되어 있었다. 이런 느낌은 처음이었다. 나는 옷걸이에 걸어 대나무 봉에 매달아둔 갈색 카디건을 올려다보며 "와! 카디건이네!" 하며 감탄했다. 난생처음으로 카디건을 본 듯한 느낌이 들었다. 나와 내가 지각하는 대상 사이에 생각도, 판단도 끼어들지 않은 상태. 나는 고요 가운데 사물을 바라보았고, 시간을 초월한 공간에 있었다. 넓음, 연대감, 평화, 감사, 겸허함이 느껴졌다. 집에 도착했다는 느낌이 들었다.

진정한 자기의 고요함 속에서 안식할 때 경험하는 내적 자유는 물질적 소유, 성공, 세상의 인정과 존경이 선사해줄 수 있는 성질의 것이 아니다. 내적 고요에 이르기 위해서는 보통 몇몇 연습이 필요하다. 그러나 때로는 극도로 위험한 상황이나 질병이 의식 상태를 크게 변화시켜 내적 고요의 상태를 경험할 수도 있다. 바이런 케이티와 에크하르트 톨레Eckhart Tolle는 극도의 고통이 지각을 전환시켜 내적 고요로 이끌었던 케이스다.

에크하르트 톨레는 그의 저서 《지금 이 순간을 살아라The Power of Now》에서 자신이 중증 우울증을 앓는 동안 깨달음을 경험했던 이야기를 한다. 그는 밤에 다시 자살을 생각하며 침대에 누워 있었다. 그때 이런 문장이 계속 그의 머릿속에 맴돌았다.

'더 이상 나 자신이랑 같이 못 살겠어.'

어느 순간 그는 이것이 이상한 생각임을 알아차리고 이렇게 자문했다. 내가 하나일까, 둘일까? '내'가 더 이상 '나'와 못 살겠다니, 그렇다면 둘이 아닐까? 내가 나랑 같이 살 수 없는 상태라면, 둘 중 하나만 진짜라는 거네.[6]

에크하르트 톨레는 스스로를 괴롭히는 생각과 거리를 두었다. 그러자 갑자기 내면이 고요해졌다. 이것이 바로 깨달음의 순간이다. 내적 고요는 그때부터 그와 함께했다.

열등감의 방에서 우리는 강한 내면의 비판자를 경험한다. 마음 챙김과 다정한 관찰, 내적 고요의 도움으로 우리 안에 비판자로 날뛰는 것이 우리가 믿는 생각들의 집합일 뿐임을 알아차린다. 우리 안의 어떤 목소리도 실재하지 않는다. 그들 모두는 이성이 만들어낸 것이다. 그저 환상에 불과하다.

자기 자신을 다정하게 대하기

내면 상태를 다정하게 지각하거나, 고요한 마음으로 관찰하도록 훈
련하라. 거리를 두라. 당신 안에서 뭔가 굉장히 강하고 비판적인 목
소리를 내는 것을 확인하게 된다면 그 역시도 다정하게 지각하라. 가
령 자신에게 이렇게 말하라. "아, 자기, 재밌네. 또 방금 스스로를 비
판했어."

관찰하고 알아차리라

이 부분을 읽은 다음 눈을 감고 들숨과 날숨을 따라가라. 더 편안해
지고 현존감을 느낄 때까지 들숨과 날숨을 좇으라. 곳곳에서 존중과
사랑을 얻을 수 있음을 명상하라. 존경하는 사람들을 보라. 사랑하는
동물을 보라. 친근한 연대감이 느껴지는 식물과 광물을 보라. 당신에
게로 흘러오는 존중에 주의를 기울이고 그에 감사하라. 호흡을 할 때
마다 사랑받고 있음을 지각하라. 매번 새롭게 호흡할 때마다 우주가
당신에게 이렇게 말한다. "내가 너를 사랑하기 때문에 네게 생명을
선사하노라."

열등감의 방 들여다보기

상태

열등감의 방에 있는 사람은 스스로를 무가치하고 부족한 존재라고 느낀다. 내면의 비판자의 가차 없는 판단으로 인해 괴롭고, 외부로부터 비판을 당할까 봐 불안하다. 자존감을 높이기 위해 사람들의 마음에 들고자 애쓴다.

믿음의 문장들

- 나는 무가치한 사람이다.
- 나는 사랑받을 만한 사람이 못 된다.
- 나는 모자란 사람이다. (모두가 곧 그것을 알게 될 것이다.)
- 나는 그걸 할 수 없다.
- 나는 아무것도 할 수 없다.
- 나는 충분하지 않다.
- 나는 너무 힘에 부친다.
- 나는 그에 소속된 사람이 아니다.
- 나는 혼자다. 나는 외롭다.
- 나는 글러먹었다.
- 튀어서는 안 된다.
- 생긴 대로 살아선 안 되고 다른 사람의 마음에 들어야 한다.
- 내가 맞추어야 한다.
- 내가 문제가 있다. (신체, 정신, 행동, 출신 배경, 성적 지향, 과거,

생활방식, 직업과 관련하여)
- 세상이 멸망할지도 몰라.

감정

- 불안한, 의기소침한, 동경하는, 바라는, 우울한, 슬픈, 수줍은, 자신 없는, 민감한, 성마른
- 내적으로 공허하고, 외롭고, 수치스럽다.
- 아직 '제대로'가 아니며, '충분치 못하다'는 감정. 거절과 실패에 대한 두려움. 실체가 까발려지지 않을까 하는 두려움

행동 패턴

- 자기 의심, 자기 비난
- 다른 사람과 비교한다. (그들이 더 낫다고 판단한다.)
- 완벽하려 들고, 위축되어 있고, 지나치게 애쓴다.
- 못한다는 느낌이 들까 봐 경쟁적으로 행동한다. 크고 작은 거짓말을 지어낸다. 다른 사람들에게 잘 보이기 위해 마음에 없는 소리도 한다. 부딪히지 않으려 애쓴다. (다른 사람들의 감정을 상하지 않게 하려 한다.)
- 칭찬을 받아들이기 힘들어한다.

출구

- 다정하게 자각하고 관찰한다.
- 내면의 비판자와 거리를 둔다.
- 관찰하고 알아차리기: 당신은 당신의 생각이 아니다. 이미 여러 곳에서 사랑과 존중이 온다.
- 내면의 아이를 돌본다. (결핍의 방을 다룬 장을 보라.)

세 번째 방

결핍의 방

내게 기도가 있다면, 이것일 것이다.
"신이여, 제가 사랑과 인정과 존경을
바라지 않도록 해주소서. 아멘!"

_바이런 케이티

결핍의 방은 단출하다. 이곳에서 당신은 커다란 결핍을 느낀다. 이 방에서는 기껏해야 물과 마른 빵 조각이 공급될 뿐이다. 그마저도 당신은 부탁하고 구걸해야 한다. 최소한 당신이 받는 인상은 그렇다. 이런 상태에서 당신은 늘 손해를 본다고 느끼고 계속해서 뭔가를 얻기 위해 투쟁한다. 바깥세계가 변해 당신이 간절히 원하던 것을 당신에게 주면, 당신이 마땅히 받아야 할 것을 받으면 행복할 것이라고 확신한다. 당신은 스스로를 피해자로 본다. 다른 사람들, 삶, 우주가 당신을 부당하게 대우한다고 믿는다. 그래서 종종 불평을 늘어놓는다. 머릿속으로만 불평을 할 때도 있고 입 밖으로 내서 크게 불평할 때도 있다.

나는 매번 확인을 받으려고 해요. 예를 들면 아내에게 "아, 정말 멋져! 정말 잘했다!"라는 말을 듣기 원해요. 인간적으로 매력 있다는 칭찬, 똑똑하다는 칭찬, 외모 칭찬도 듣기를 원해요. 비언어적 확인으로는 충분하지 않아요. 말로 들어야 해요. 말을 듣지 않으면, 나는 성급하게 내가 얼마나 멋진 일을 했는지를 떠벌리고 과장까지 서슴지 않아요. 그러다 보면 어느 순간 기분이 약간 비참해져요. 하지만 나는 내게 필요한 말을 들을 때까지 그렇게 해요.(리안, 40대 초반)

결핍의 방에 어떻게 빠져들까

이런 상태에서 당신을 지배하는 생각은 주로 다음 세 가지다.

1. 나는 꼭 필요한 것이 있는데, 그것을 얻지 못한다. 내가 받아야 마땅한 것을 얻지 못한다.
2. 나는 하고 싶지 않은 일을 해야 한다.
3. 나는 주목받지도, 존경받지도 못한다.

에고의 집에 있는 두 방에서 결핍감을 강하게 느끼는데, 바로 열등감의 방과 이곳 결핍의 방이다. 그런데 스스로 무가치한

내가 생각하는 내가 진짜 나일까?

사람이라는 생각에 내면이 뻥 뚫려 있는 듯한 느낌이 드는 열등감과 달리, 결핍의 방에서의 부족은 항상 외적인 것과 관계있다. 이 방에서 당신에게 부족한 것은 참으로 다양하다. 좋은 배우자, 자녀, 더 많은 돈, 성공, 더 좋은 집이 필요하다고 생각할지도 모른다. 승진하고, 인정과 존경을 받고, 더 젊어 보이고, 더 건강하고 싶을지도 모른다. 혹은 누군가가 특정한 행동을 해주거나 특정한 태도를 보여주길 바랄 수도 있다.

이 방에서는 속으로 항상 세상을 향해 '나를 봐줘!'라고 외친다. 주목받기를 간절히 바라고, 주목을 끌기 위해 모든 걸 하려고 한다. 55세의 기혼남으로, 두 자녀를 두고, 에이전시에서 일하는 마틴도 마찬가지다.

일에서 성과를 올리고 능력을 발휘하면 나는 열심히 피드백과 칭찬을 구해요. 좋은 아이디어가 있으면 바짝 긴장해서 그것을 내놓지요. 다른 사람들이 "아, 좋네요. 멋진 것 같아요."라고 말해주길 기대해요. 집에서 음식을 만들 때도 그래요. 가족들이 칭찬하는지 신경을 쓰지요. 아무 말도 하지 않으면 "이거 어때? 상당히 맛있지 않아?" 하면서 옆구리 찔러서 절을 받아요. 주목받지 못하면 실망하고, 무시당하는 느낌이 들어요.

결핍의 방에 있는 사람은 징징대고, 불평하고, 부탁하고, 구걸하며, 조종하고, 원하는 걸 낚아채려 한다. 스스로를 피해자로 보기 때문에 주변 사람들을 적대시하고, 다른 사람들에게 죄를 돌린다. 이런 상태에서 최대 문제는 바로 자신의 감정을 책임지지 않는다는 것이다. 지금 이렇게 결핍감을 느끼는 것이 다른 사람, 혹은 자신의 환경 때문이라고 확신한다. 지금 여기에서 어떻게 살 것인지를 주도적으로 결정할 수 있다는 생각은 전혀 하지 않는다. "나 같은 상황이라면 다른 사람들도 지금 나처럼 느끼는 게 당연해."라고 확신한다.(스포일러: 그렇지 않다! 그렇게 느낄 필요가 없다.)

결핍의 방에 있는 사람은 관용을 보이고 참을성을 발휘하기가 쉽지 않다. 필요를 곧장 충족시키려 한다. 또한 받아들이고 인정하는 것도 그다지 잘하지 못한다. 뭔가가 마음먹은 대로 되지 않으면 금방 자제력을 잃어버린다. 상처받고, 절망하고, 질투하고, 화내고, 좌절하고, 의심한다. 모든 것을 무지막지하게 개인적으로 받아들이기 때문에 쉽게 상처를 받는다. 복수를 하고 싶어 할 수도 있으며, 때로는 복수를 진짜로 실행에 옮긴다. 이런 방에서는 상대의 입장이 되어보는 능력이 매우 제약되고, 주로 자기 자신에게만 연민을 느낀다.

그렇다. 여기서는 극도로 어린애 같은 상태가 된다. "나, 나, 나!" 모든 것이 나 중심으로 돌아간다.

바이런 케이티는 이렇게 말하곤 한다.

"내게 기도가 있다면, 이것일 것이다.

신이여, 제가 사랑과 인정과 존경을 바라지 않도록 해주소서.

아멘!"

마를레네의 경우를 보자. 그녀는 꽤 성공한 영화감독이며, 친구도 많다. 하지만 오랫동안 자신이 결혼도 하지 못했고 자녀도 없다고 한탄하며 살았다. 그러다가 30대 후반에 갑자기 사랑에 빠지고 결혼을 한다. 이어 아들도 하나 낳는다. 늘 꾸었던 꿈이 이루어진 것이다. 하지만 이것은 해피엔드가 아니다. 잠시 만족스럽게 사는가 싶더니 다시금 결핍감이 고개를 쳐든다. 이번에는 생각만큼 잘 돌아가지 않는 일이 문제다. 엄마로서 바쁘게 살다 보니 직업적 프로젝트가 지지부진한 것이다. 그녀는 자신을 성공한 남편과 비교하며 결핍감을 느낀다. 결핍의 방에서도 열등감의 방에서처럼 비교하는 버릇이 나타난다.

우리 집에서 주된 밥벌이를 담당하는 건 남편이죠. 때로 이 사실을 생각하면 자존심이 상해요. 내가 보기에 남편은 업무적으로 아주 중요한 일들에 관여하고 있어요. 전화를 해대는 사람이 1,000명은 되는 듯하고, 늘 약속이 잡혀 있지요. 물론 남편의 일이 잘돼서 기뻐요. 하지만 자꾸 비교하는 마음이 들어요. 이런 생각을 하지요.

'나는 인기가 없어. 성공과는 거리가 멀지! 재능 있고 똑똑하지만 제대로 된 대우를 받지 못하고 있어!' 이런 생각들은 일상에서 힘들 때 특히 불쑥불쑥 올라와요. 그러면 '아, 뭐야, 남편은 승승장구하고, 나는 집에서 밥이나 하고, 청소나 하고, 아이한테 매여 꼼짝 못하다니!'라는 생각이 들어요.

마를레네의 사례는 상황이 변하여 간절히 바라던 것을 드디어 얻게 된다고 해서 내면 상태가 그리 호락호락하게 변하는 건 아님을 보여준다. 마를레네는 처음에는 가족을 이루지 못해 결핍감을 느꼈다. 그런데 이제는 다른 부분, 즉 직업적인 부분에서 부족감을 느낀다.

주의가 습관적으로 결핍의 방으로 기울어지면, 앞으로도 계속 결핍의 방에 빠져들 것이다. 부족함을 느끼는 부분만 다른 대상으로 옮겨갈 뿐이다. 하나의 욕구가 만족되면 다른 부족한 것이 나타난다. 이성은 이런 게임을 끝없이 계속한다. 통제의 방에서 걱정이 꼬리에 꼬리를 물고 양산되어 쉼에 이르지 못했던 것과 비슷하다. 결핍의 공장에서도 계속해서 새로운 동경이 만들어진다.

이렇게 동경하던 것이 이루어지거나 만족된다고 자유가 오는 건 아니다. 내적 자유는 외적인 것에 달려 있지 않기 때문이다. 어린 시절의 경험을 제대로 처리하지 않은 데서 기본적인 결핍감이 생길 수도 있다. 50대 초반의 휠야도 그런 케이스다. 그녀가 여덟 살 때 부모는 독일에서 일하기 위해 휠야를 터키의 친척 집에 맡겨두었다. 이때 생긴 트라우마 때문에 휠야는 지금도 번개처럼 빠르게 결핍의 방에 빠지고 만다.

나는 혼자다! 외롭다! 늘 이런 생각을 안고 살았어요. 몸이 아플 때는 더 그런 생각이 들어요. 감기 기운만 있어도 벌써 이런 생각에 사로잡혀요. '난 혼자야. 난 어떻게 살아야 하지?' 그러면 이제 갖가지 생각들이 떠올라요. '상황이 점점 안 좋아질 거야. 나는 비참하게 죽게 되겠지.' 그런 상태에서 얼마나 자주 울음을 터뜨렸는지 몰라요. 처참한 기분이었죠. 아무도 보살펴주지 않는, 버림받은 아이처럼요. 나는 그 기분을 아주 잘 알아요. 어릴 적에 나는 정말 외로웠거든요. 터키에서 친척 집을 일곱 집이나 전전하며 살았어요. 늘 외로워했던 기억이 나요.

크나큰 결핍감이 얼마나 자주 불쑥불쑥 솟아나는지 몰라요. 기차 여행을 할 때면 다른 사람들을 보며 이렇게 생각해요. '봐, 너만 혼자야. 너 빼고 혼자 여행하는 사람이 어디 있니?' 그러다 한 여자가 내 옆에 앉으면 나는 이렇게 생각해요. '오케이! 최소한 이 사람은 혼자인가 보군.' 하지만 그녀가 누군가와 통화를 하고, 대략 통화 내용을 듣고 상대가 남편이라는 걸 짐작할 수 있게 돼요! 그런 다음 또 다른 여자가 근처에 앉아요. 나는 이렇게 생각하죠. '그래. 저기 저 사람은 정말 혼자일 거야.' 하지만 잠시 후 그녀의 아들이 그녀의 자리를 찾아오면 곧장 이런 생각이 치고 올라와요. '넌 자식도 못 낳았잖아! 넌 혼자야! 혼자, 혼자라고!' 그러면 혼자라는 생각에만 골몰하게 돼요. 이게 얼마나 미칠 노릇이에요?

집단적인 결핍감

결핍의 방에 깊숙이 들어가면 음모론에 걸려들 수 있다. 그러면 곳곳에서 적들을 만나고, 모든 것 뒤에서 음모를 찾아낸다. 인터넷 포럼이나 댓글에서 이런 혐오의 방에 갇힌 사람들의 목소리를 많이 들을 수 있다. 결핍의 방의 일부인 이 방에서 사람들은 익명성을 이용하여 분노를 쏟아낸다. 모든 것이 부당하게 보이고, 입만 떼면 불평거리들이 넘쳐난다.

늘 불평하고 한탄하면 장기적으로 주변 사람들이 떠나간다. 하지만 종종 이런 불평과 탄식에 함께하는 사람들도 생겨난다. 이들은 이제 함께 자신들의 시각을 공유하고, 확인하고, 서로 부추겨서 결핍의 상태에 더 깊숙이 들어간다. 그러다 보면 이 방을 떠나기가 점점 더 어려워진다.

결핍의 방에 집단적으로 들어가면 굉장히 위험할 수 있다. 자체의 동력이 생겨나 다른 사람들을 공격할 수 있다. 에고의 집에서 다른 사람들에 대한 공격으로 이어질 수 있는 방은 결핍의 방, 오만의 방, 저항의 방이다. 이 세 가지 상태에서는 항상 외부에 적이 있다. 결핍 상태에 집단적으로 들어가면 '우리 vs 다른 사람들'의 구도가 빚어진다.

그러면 이제 "그들이 우리 것을 빼앗으려고 해."라는 믿음이 생겨난다. "그들은 모든 걸 가졌고, 우린 아무것도 없어!" "그들은 우리를 도무지 존중하지 않아." "그들은 우리를 망하게 하려고 해!" "이제 우리도 가만히 있을 수 없어! 뭔가 조치를 취해야 해." 이런 집단적인 믿음은 세계사의 모든 시대에서 나타난다. 모든 문화, 모든 민족, 다양한 집단에게서 말이다.

2차 세계대전과 홀로코스트(유대인 대학살)는 오만과 결핍 상태의 상호 작용이 빚어낸 비극이었다. 독일이 1차 세계대전에 패한 뒤, 열강은 베르사유조약에서 독일에 높은 배상금을 부과했다. 그 외에 독일은 상당한 영토를 잃었고, 군비를 대폭 제한해야 했다.

국가사회주의자(나치)들은 이런 조건을 상당히 치욕스럽게 여겼다. 그리하여 공격적이고 지속적인 '불평 선동(결핍 상태)'을 통해 점점 더 사회 여론을 악화시켰다. 점점 더 많은 독일인들이 나치의 논리에 따라 결핍의 방으로 들어갔다. 그밖에 나치들은 스스로를 다른 민족, 다른 국가보다 더 우월하다고 생각했다(오만의 방). 많은 사람들이 이 생각도 받아들여, 이제 독일 국민의 상당수가 두 방으로 입장했다. 그리하여 오만과 결핍의 상태 속에서 20세기의 최악의 불행으로 치달았다.

2차 세계대전을 주제로 한 텔레비전 다큐멘터리에서 당시 미군으로 2차 세계대전에 참전했던 노인이 인터뷰한 것을 보았다. 그는 미국의 소도시에서 태어나 변변한 교육을 받지 못한 상태에서 1945년 2차 세계대전이 끝날 무렵에 프랑크푸르트로 왔는데, 처참하게 파괴된 대저택들과 건물들을 보며 정말 이해할 수 없었다고 한다. 미국에서 살 때 그는 유럽은 상당히 낙후되고 가난하다고 생각했었다. 독일이 문화적으로 얼마나 풍요로웠는지도 그때까지는 잘 몰랐다고 한다. 그래서 그는 무참하게 파괴된 거리를 보며 "대체 왜 이 모든 것을 걸고 전쟁을 자초했던 걸까? 뭘 더 원했던 것일까? 이미 많이 가지고 있었는데!"라고 자문했다.

결핍은 언제나 주관적이다. 당신은 이번 해에 휴가를 한 번밖에 못 갔다며 못내 아쉬워하고 있을지도 모른다. 하지만 전쟁 지역에서 온 난민들은 당신의 처지를 부러워한다. 크벨레Quelle 회사의 상속녀인 마델라이네 쉬케단츠 사례도 결핍이 얼마나 주관적인지를 인상적으로 보여준다. 그녀는 2009년 투자 실패로 재산을 많이 잃었다. 하지만 추정에 따르면 그녀에게는 (이런 실패 뒤에도) 수많은 저택들과 유명한 예술 작품 외에 몇백만 유로의 현금이 남아 있었다. 그런데도 쉬케단츠는 언론을 통해 앞으로 얼마나 절약을 해야 하고, 얼마나 검소하게 살아야 하는

내가 생각하는 내가 진짜 나일까?

지 계속 탄식해대는 바람에 많은 조소와 더불어 '하르츠 IV(실업부조 대상) 백만장자'라는 별명을 얻었다.

결핍의 방에서 빠져나오기

결핍의 방에서 빠져나오려면 다시금 마음 챙김의 4단계가 필요하다. 이번에는 특히 3단계가 중요하다.

마음 챙김의 4단계

1. 지금 여기로 돌아오기

2. 상황을 있는 그대로 다정하게 지각하기

3. 있는 그대로 받아들이기

4. 새로운 방향으로 나아가기

마음 챙김 3단계: 있는 그대로 받아들이기

명상 공동체에서 첫 몇 개월 동안 나는 한 번도 그곳의 넓은 대지를 벗어나지 않고 지냈다. 신문이나 텔레비전도 보지 않고, 휴대전화도, 인터넷도 없었다. 하지만 지루하지 않았다. 계속해서 호흡을 자각하며 지금 여기에 머물고, 이성에서 광란하는 생각들을 다정하게 관찰하는 시간을 충분히 가졌다.

그런데 그해 가을 루르드Lourdes에서 타이의 강연이 예정되어 있었고, 타이는 우리 모두에게 그곳에 함께 가자고 권했다. 우리는 버스 두 대에 나누어 타고 피레네산맥으로 향했다. 순례지는 플럼 빌리지에서 버스로 약 3시간 반 거리였다. 루르드는 젊은 시절에 이미 가본 적이 있었지만 도착하고 보니 얼마나 많은 여행객들로 북적였는지 가히 충격적이었다. 기념품 가게들이 늘어서 있었고, 골목마다 인파로 가득했다. 나는 6개월 동안 고요하고 평화로운 분위기에서 수행을 했었기에, 이런 구름 같은 인파에 휩쓸리자 주의를 지금 여기에 머물게 하는 것이 힘들었다. 그렇게 하려고 해도 온몸이 움츠러들었고, 너무 애를 쓰다 보니 두통이 찾아왔다.

그때 미국에서 온 한 수도승이 내 상태를 알아채고는 "인파 속에 편안히 잠겨봐요."라고 조언했다. 나는 그의 말을 따라 심호흡을 하며 내면의 자세를 바꾸었다. 소란한 분위기와 싸우는 걸 중지하고, 대신에 그 분위기에 나를 열었다. 그러자 즉각 내면에 평화가 찾아왔다. 외적 현실을 있는 그대로 받아들임으로써 자동적으로 나의 내적 현실도 변했다. 나는 마음 챙김의 3단계와 그렇게 친숙해졌다.

자, 1단계에서 '지금 여기'로 돌아왔다면, 2단계에서는 현 상황과 거리를 두고 다정하게 관찰하는 연습을 했다. 이제 3단계

내가 생각하는 내가 진짜 나일까?

로 들어가자. 바로 현실을 받아들이는 것이다. 현실을 있는 그대로 받아들이자마자 지각은 자동적으로 변화한다. 외적인 상황 때문에 어쩔 수 없이 특정 감정 상태로 들어갈 필요가 없다. 만약 그렇다면 같은 상황에 놓인 사람들은 다 똑같이 느끼게 될 것이다. 하지만 우리는 같은 시간, 같은 장소에 있어도 완전히 다른 관점을 가질 수 있다.

두 사람이 똑같이 실패, 상실, 질병을 경험할지라도 한 사람은 낙담하고, 한 사람은 내적 평정을 유지할 수 있다. 미국 출신의 그 수도승은 루르드의 여행객들을 자신의 마음 챙김을 방해하는 거슬리고 시끄러운 인파로 지각하지 않았다. 주변 상황이 어려운 것이 아니라 그 상황을 바라보는 나의 시각이 나를 힘들게 한다. 내게 닥친 일이 문제가 아니라 그 일에 대한 내 생각이 문제다.

결핍의 방을 떠나기 위한 비결은 바로 상황을 있는 그대로 받아들이는 것이다! 불평을 중단하고 상황에 YES를 하라. 플럼빌리지에 체류하는 모든 사람들은 불평하지 않는 것을 훈련했다. 날씨에 대해, 음식에 대해, 공동체 사람들에 대해, 기타 다른 것들에 대해 불평하지 않는 것! 이제 나는 분주하거나, 시끄럽거나, 춥거나 더운 환경에 들어갔을 때 그런 상황을 내적으로 거부하거나 탄식하는 것은 의미가 없다는 것을 알게 됐다. 현실과 투쟁하면 에너지만 빼앗길 따름이다. 대신에 나는 그냥 그 상황 속으로 들어가 긴장을 풀고 순간을 향유한다. 내어줌의 행위다. 내가 행동 능력이 없다는 의미가 아니다. 기분이 더 나아지면, 그 환경을 빠르게 다시 떠날 수도 있다. 하지만 우선은 그 순간을 받아들인다. 그런 다음 행동한다.

낯선 공간에 위치한 시각장애인이 그 공간에서 나가고 싶어 한다고 해보자. 그는 우선 걸어가다 벽에 부딪힐 것이고, 그쪽으로는 나갈 수 없음을 알 것이다. 그런 다음 드디어 나갈 수 있는 문을 발견할 때까지 공간을 두루두루 더듬거린다. 만약 벽을 만나면 벽이라는 사실을 받아들이고 다른 방향으로 나아갈 것이다. 첫 번째 벽 앞에 우두커니 서서 그곳이 혹시나 기적처럼 열리지 않을까 생각하거나 절망적인 기분으로 벽을 주먹으로 때리거나 하지는 않을 것이다. 하지만 결핍의 방에 사로잡혀 있으면 종종 벽이 어느 순간 무너질 것이라는 믿음과 기대로 벽을 두드리는 형국이 빚어진다.

테라스 문이 열려 있어 벌이 집 안으로 들어오면, 벌들은 우선 두 가지 방식으로 방향을 잡는다. 우선은 위쪽으로, 다음으로 빛을 향해 날아간다. 이때 문을 만나지 않고 창유리로 날아가 부딪히는 일이 일어날 수 있다. 몇 번 그렇게 잘못 돌진을 한 다음 그들은 또 다른 방향 감각을 끌어온다. 밖에서 들어오는 기류를 감지하고, 그 기류를 따라 밖으로 나가는 길을 찾는 것이다. 나비도 그렇게 방향을 잡는다. 파리만 그렇게 하지 못한다. 파리는 자신의 행동을 변화시키지 않은 채, 몇 시간 동안 계속해서 같은 창문으로 몸을 충돌시킨다. 우리가 현실을 있는 그대로 받아들이지 않을 때도 정확히 이런 일이 일어난다. 파리처럼 결핍의 감옥에 갇힌 상태로 남는 것이다.

지금의 순간을 받아들이지 않는 한, 당신은 현실과 전쟁을 하게 되는데, 이런 전쟁은 이길 수 있는 성질의 것이 아니다. 이런 싸움이 얼마나 부질없는 일인지 다음 테스트에서 확인해보라. 자, 이제 당신의 책(혹은 전자책 리더기)더러 스스로 공중을 날아오르라고 요구해보라. 책은 스스로 공중 부양을 해야 한다. 자, 우선 날아보라고 친절하게 부탁해보라. 책이 날아가는가? 안된다면, 책에게 아첨이라도 해보라. 아첨은 종종 효과가 좋으니 말이다. 어떤가? 책이 붕 뜨는가? 아직도 책이 공중 부양을 하지 않았다면 아껴두었던 비장의 무기를 꺼내보자. 바로 화를 내는 것이다! 책에게 마구 불만을 쏟아내면서 그것이 효과를 발휘하는지를 시험해보라. 온갖 방법을 동원해도 내 책은 날지 않았다. 현실에 온 것을 환영한다!

내가 진정한 받아들임을 처음 의식적으로 경험한 것은 어릴 적 학교 다닐 때였다. 당시 나는 늘 같은 카디건을 입고 다녔다. 여자 친구 수잔네가 손수 떠준 것이었다. 그날 나는 만원 스쿨버스를 타고 집으로 가는 중이었다. 버스 안이 너무 더워서 나는 아끼는 카디건을 벗어 팔에 끼우고 있었다. 그때 상급 학년 아이 하나가 뭔가를 빌미로 나를 놀리기 시작했고, 내가 들은 척도 하지 않자 갑자기 내게서 카디건을 낚아채서 자기 친구들에게 전달했다. 삽시간에 카디건은 버스 반대쪽 끝까지 가서 내 시야에서 사라져버렸다. 나는 절망적으로 아이들을 뚫고 가 카디건을 찾고자 했지만 아이들은 웃으며 내 길을 막았다. 다음 정거장이면 내려야 하는 상황이었다. 절망감은 점점 커졌다. 내가 그리도 아끼는 물건 쪽으로 몇 센티미터도 움직일 수 없는 상황이었다. 정말 난감했다.

그런데 이어 예기치 않게 스위치가 전환되었다. 왜 그런 일이 일어났는지 모르지만, 갑자기 결핍감이 사라졌고, 나는 더 이상 애쓰지 않았다. 싸우기를 그치고 문 쪽으로 몸을 돌린 다음 버스가 정차하자 내렸다. 내 안의 무엇인가가 그 상황을 받아들였고, 카디건에게서 마음을 비웠다. 버스에서 내리는 순간 한 아이가 막 닫히는 버스 문을 통해 내게 카디건을 던졌다. 하지만 그것은 더 이상 중요하지 않았다. 그 순간의 선물은 바로 내 안의 평화와 자유의 감정이었기 때문이다.

대부분의 사람들은 이성을 좇아 부단히 싸우고, 행동하고, 만들고, 통제하는 데 익숙해 있어서 일단 *아무것도 하지 말고 받아들이고*, 삶에 *내맡기라*고 하면 두려워하고 걱정한다. 그런 상태가 되면 목석처럼 바닥에 놓여 무기력하게 세상에 방치될 것

내가 생각하는 내가 진짜 나일까?

만 같아 불안하다.

순간을 있는 그대로 받아들이는 것이 불가능해 보이면,
당신이 받아들일 수 없다는 사실을 받아들여라.

대부분의 경우 통제할 수 있다고 생각하는 건 그저 환상에 불과하다. 주의와 믿음이라는 두 힘을 제외하고는 통제할 수 있는 것이 그리 많지 않다. 당신은 몸에게 "자, 거기 오른쪽 아래 세포들, 이제 분열해주세요. 자, 3, 2, 1, 땡! 갑상선은 10초 뒤에 호르몬을 분비해주세요."라고 말하지 않는다. 마찬가지로 내일 사고를 당할지 암에 걸릴지도 통제하지 못한다. 삶이 우리의 개입 없이도 우리를 살게 한다는 것을 자각하면, 이런 흐름에 그냥 자신을 내맡길 수 있다. 대부분의 경우 이성은 방해만 되고 괴로움만 주니까 말이다.

오래전 타이가 독일에 와서 내가 그의 강연을 통역해야 했을 때 나는 굉장히 의기소침한 상태로 행사장에 도착했다. 며칠 전에 한 친구가 갑작스럽게 세상을 떠났고, 전날에는 세무서로부터 유쾌하지 않은 서류가 도착해 있었다. 게다가 당일 아침에는 치통까지 찾아와 결핍의 방에 완전히 걸려든 상태였다. 나는 삶을 원망했고 내가 잘 지낼 수 있으려면 상황이 변해야 한다고 믿었다. 이런 내면 상태에서 나는 100명 정도의 청중이 모인 곳에서 연단에 마련된 자리에 앉았다. 잠시 후 타이가 미소를 지으면서 연단으로 올라와 내 옆 명상 방석 위에 착석했다. 명상 시작종이 울렸고, 당시 82세의 영적 스승은 나를 힐끗 보더니 "Can you be happy now?"라는 말로 강연을 시작했다. 나는 좀 헷갈렸지만 청중들을 위해 그 말을 독일어로 옮겼다.

"지금 행복할 수 있나요?"

타이가 (충분히 행복하기 위해) 지금 여기에 이미 모든 것이 있음을 자각하지 못하고 결핍의 방에 걸려든 나의 상태를 꿰뚫어 본 듯한 느낌이 들었다. 지금 여기서 행복하기가 힘들다면 뭔가가 달라져야 한다는 생각에 고착되어 있기 때문이다. 책이 날기를 원하는 것처럼 있는 그대로의 현실을 받아들이고 있지 않은 것이다.

어떤 생각에 집착하고 있으면 우리의 내적 집합 상태가 딱딱해진다. 주의가 한 가지 생각에 꽂혀 그 생각을 확신한 나머지 그 생각과 결별하기 힘들다. 받아들이는 것은 집합 상태를 다시 액체 상태로, (더 좋게는) 기체 상태로 만드는 것을 의미한다. 내면의 상태가 계속 딱딱하다면 우리는 고통스럽다. 받아들임을 통해 부드러워지고 열려진다. 고착이 풀리기 시작한다.

'받아들임'이 쉽지 않은 경우, 내면의 집합 상태를 변화시키기 위해 에너지상 같은 것을 의미하는 태도나 다른 표현을 찾아보라. 여기 몇몇 제안을 해보겠다. 읽어가면서 곧장 실천하고 훈련해보길 바란다.

- 긍정 – 있는 그대로의 것에 "예!"라고 말하라.
- 허락 – 있는 그대로의 현실을 허락하라.
- 내어줌 - 스스로를 삶에 내어주라.
- 이완 – 지금 이 순간에 긴장을 풀라.
- 동의 – 있는 그대로의 상황에 동의하라.
- 열기 – 지금 여기에 스스로를 열라.
- 내려놓기 – 생각을 내려놓으라.
- 용서 – 상대를, 순간을, 자신을 용서하라.
- 평화 – 자신과, 순간과, 동료 인간들과 평화를 맺으라.
- 액체/기체 상태 되기 – 내면의 집합 상태를 변화시켜서 내적으로 액체 혹은 기체 상태가 되라.

내면의 아이

현실을 받아들이기가 힘들다면 특정 생각을 너무나 오랜 기간 훈련하고 내면화해 왔기 때문이다. 오랜 세월 이성에 이끌려 결핍의 방에 점점 더 깊숙이 들어왔고, 이렇게 터득한 관점이 당신을 꽉 붙들고 있어 언제부턴가 그냥 자신의 패턴이 되어버렸다.

자신이 늘 취하는 상태이자, 늘 거하는 방이 바로 패턴이 된다. 그러면 그 방의 분위기와 지배적인 생각에 강하게 동화되어 자신과 방 사이의 거리를 느끼지 못한다. 물고기와 물이 분리될 수 없는 것처럼 말이다. 그러면 삶에서 만나는 대부분의 사건을 이 관점에서 바라보게 된다. 내가 젊을 적에 열등감의 방에 사로잡힌 시각으로 세상을 바라봤던 것과 같다. 과거의 경험을 (종종 어릴 적 경험을) 현재로 옮겨놓음으로써 패턴화가 일어난다. 과거의 경험을 지금 여기로 투사함으로써 당시와 같은 시각을 취하게 되는 것이다.

내가 네 살 때 어머니는 이혼 소송을 제기했다. 그녀는 그리스에서 태어나고 자라 열다섯에 결혼을 했다. 그러고는 얼마 안 있어 부부가 함께 외국인 노동자로 독일로 건너왔다. 몇 년 뒤 어머니는 더 이상 결혼생활을 지속할 수 없다는 판단을 내렸다. 하지만 아버지는 이혼을 전혀 고려하지 않았고 나의 두 형을 거의 납치하듯이 데리고 그리스로 돌아가버렸다. 나는 성인이 된 뒤에야 형들과 아버지를 다시 만날 수 있었다.

당시 네 살에 불과했던 나는 여기에 얽힌 복잡한 상황을 이해할 수 없었으므로, 아버지와 형들이 나를 두고 가버린 것이 내가 사랑받을 만한 아이가 아니기 때문이라고 결론지었다. 세월이 흐르면서 내 이성은 이런 틀을 가능한 한 삶의 모든 상황에 적용했다. '나는 사랑받을 만한 아이가 아니야.'라는 어린 시절

내가 생각하는 내가 진짜 나일까?

의 관점을 정말로 훈련하고 내면화했다. 그렇게 열등감의 방이 나의 집이 되었고, 그에 상응하는 행동이 나의 패턴이 되었다.

거절을 경험하고, '나는 사랑받을 만하지 않아.'라는 생각을 드물게 훈련했다면 당신은 열등감의 방문턱에서 그 방의 분위기와 배경 소음을 조금쯤 느껴보았을 것이다. 하지만 (예전의 나처럼) 그런 생각을 믿었다면, 사람들이 자신을 조금 밀어내는 눈치만 보여도 곧장 열등감의 방에서 부르는 커다란 음성을 들었을 것이고 그것을 의심 없이 따라갔을 것이다. 믿음의 문장들은 일회적 트라우마 경험을 통해 생겨날 수도 있고, 지속적인 훈련을 통해 생겨날 수도 있다.

내면의 아이를 돌보는 작업은 그런 고집스런 동일시로부터 나올 수 있도록 도와주는 수단이다. 특히 열등감과 결핍의 방에 자주 머문다면, 내면의 아이를 돌보는 작업이 출구가 되어줄 확률이 크다. 휠야의 이야기를 통해 내면의 아이를 돌보는 작업으로 어떻게 결핍의 상태를 벗어날 수 있는지 차근차근 보여주고자 한다.

마음 챙김과 트리거

여기에서도 스스로 에고의 방에 동화되어 있음을 깨닫고, 에고의 방에 다시 따라 들어갈 때 자각하기 위해 마음 챙김의 단계로 시작해야 한다. 에고의 방에 빠져 있음을 깨닫지 못하면 다시 빠져나올 수도 없기 때문이다. 그러면 그 시각을 가지고 계속 살게 될 것이며 그런 삶이 불쾌하다 해도 원래 그런가 보다 여기게 될 것이다. 그래서 마음 챙김의 1, 2단계가 굉장히 중요하다. *지금 여기로 돌아와 상황을 다정하게 지각하라.* 연습을 하다 보면 패턴의 역학을 더 빠르게 알아차릴 수 있을 것이고, 방문턱에서 이미 "아, 내가 막 결핍의 상태로(혹은 열등감의 상태로) 빠지기 직전이야."라고 확인할 수 있을 것이다. 이를 일찌감치 자각하는 것은 커다란 발전이다. 그런 다음 해당 방에 들어간다 해도 그렇다. 그 일이 일어나고 있음을 의식하는 것이 이미 치유의 첫걸음이기 때문이다.

무엇 때문에 그 상태에 들어가는지 이유는 여러 가지일 것이다. 이런 이유를 '트리거trigger'라고 부르자. 자극, 도화선, 혹은 기폭제라는 뜻이다. 트리거는 당신 속의 단추를 눌러 특정한 옛 생각들을 작동시킨다. 트라우마를 재경험하도록 만드는 자극이라 할 수도 있다. 트리거는 보통 당신에게 일어나는 일, 혹은 당신이 듣는 말들이다. 퀼야의 트리거는 두 가지다. 하나는 아플 때이고, 하나는 다른 커플이나 가족을 볼 때다. 이 두 가지는 "난 혼자야. 외로워."라는 생각을 작동시킨다. 그리고 이런 생각을 믿기에 곧장 결핍의 방으로 들어간다.

나의 강력한 트리거는 실제든 상상이든 모든 형태의 거절과 거부였다. 또한 11월의 우중충하고 칙칙한 날씨도 나를 열등감

내가 생각하는 내가 진짜 나일까?

의 방으로 집어넣었다. 트리거는 다양하고 개인적이다. 어떤 사람에겐 기쁨이 되는 것이 다른 사람에겐 트리거가 될 수 있다.

트리거가 옛 사고 패턴을 작동시키면 동시에 내면의 아이가 활동한다. 이런 옛 생각이 당신 속의 아이 같은 부분에 속하기 때문이다. 즉, 그 생각은 당신이 네 살 혹은 여덟 살 때 이미 생각했던 것이다. 내면의 아이는 실재하는 존재가 아니고 기억이다. 세월이 흐르면서 이런 기억은 생각으로, 감정으로, 신체 속의 에너지로 당신의 시스템에 입력되었다. 모든 연령이 당신 안에 여전히 현존한다. 당신이 마흔이라면 당신 속에 다섯 살 아이의 기억도, 열 살 아이의 기억도 있다. 이런 기억들이 자유롭고 공감적인 삶을 영위하도록 도와준다면 아무런 문제가 안 될 것이다. 그러나 어떤 기억은 그 자체로 고통을 동반하여 당신을 굉장히 위축시킨다. 이런 옛 기억은 트리거를 통해 다시금 치고 올라온다. 단추를 누르면 내면의 아이가 폴짝 올라와서 핸들을 잡으려고 한다. 성인이 된 나는 뒤로 빠져서 거의 부재 상태가 된다.

내면의 아이를 다루기 위한 작업

내면의 아이를 다루기 위한 작업은 명상이다. 혼자 할 수도 있고, 해당 경험으로 인도해주는 누군가의 지도를 받아서 할 수도 있다. 힘든 감정 상태와 강하게 동일시하는 경향이 있고, 거리를 두는 것이 불가능한 경험을 했다면 도움을 받는 게 좋을 것이다.

"나는 혼자야."라는 옛 믿음의 문장이 계속 불거져 나오는 경험을 한 휠야는 이를 손볼 틈을 냈다. 자, 이제 그녀는 편안한 자세로 앉아 눈을 감고 호흡을 주시한다. 이 과정에서 무슨 일이 일어나든 간에 주의의 일부는 호흡과 연결되고, 호흡을 자유로이 흐르게 한다. 이 과정에서 강렬한 감정이 떠올라도 호흡을 멈추지 않는다. 나의 호흡치료 스승인 틸케 플라텔 도이어Tilke Platteel-Deur는 늘 이렇게 말했다.

"호흡을 붙들면 신체와 세포가 옛 감정들을 가지게 된다."

그러므로 호흡을 흐르게 하는 것이 중요하다. 그밖에 호흡은 _지금 여기에_ 현존하기 위한 닻으로 기능한다. 휠야는 이제 내면의 아이가 나타나도 그에 몰입해 과거와 옛 감정으로 스스로를 잃지 않고자 한다. 이때 관찰하는 심급은 의식적으로 머물러 상황을 다정하게 관망한다. 이 관찰자 심급은 자애로운 어머니나 아버지의 에너지를 지닌다. 이해심 많은 여자 친구 또는 치료사와 비슷하다.

휠야는 호흡을 주시하면서 가능한 한 신체를 이완시킨다. 그 과정에서 신체가 떨리거나 경련하거나 하품이 나오면 신체로 하여금 그렇게 하도록 허락한다. 아무것도 억압하지 않는다. 모든 것은 허용되며, 거리를 두고 관찰된다.

내가 생각하는 내가 진짜 나일까?

트리거 상황을 시각화하기

휠야는 트리거 상황을 눈에 그려본다. 기차 안의 커플을 생각하고 상황을 재현해보며, 당시의 감정과 생각을 다시 떠올린다. 이런 상황을 조성한 뒤 관찰자 시점에서 다음과 같은 질문을 던진다.

1. 어떤 감정이 존재하는가? (감정)

2. 신체의 어느 부분에서 그것이 가장 강하게 느껴지는가? (신체 느낌)

3. 무슨 생각이 드는가? (생각)

4. 그 상황에서 당신은 어떻게 행동하는가? (행동)

휠야는 정확히 포착한다.

1. 감정은 외로움과 슬픔이다. (감정)

2. 무엇보다 가슴을 짓누르는 느낌이 든다. (신체 느낌)

3. '나는 혼자야.'라는 생각이 든다. (생각)

4. 행동하지 못하고 그냥 마비되고 경직될 뿐이다. (행동)

휠야는 한동안 스스로 모든 감정, 생각, 신체 느낌을 지각하고 탐구한다. 그 과정에서 계속 자신의 자유로운 호흡을 주시한다. 주의가 다른 곳으로 향하면 다시 다정하게 기차 속 커플로,

그녀에게 아픔을 유발하는 트리거 상황으로 데려온다.

내면의 아이 돌보기

횔야 안의 관찰자 심급은 이제 다음 질문을 던진다.

"다정한 커플이 트리거 상황을 유발한다는 걸 어떻게 알아? 이런 감정이 어디서 온 걸까?"

이성은 이런 질문에 기억을 스캔하기 시작할 것이다. 하지만 너무 많은 생각과 기억 과정을 작동시킬 필요는 없다. 횔야는 여전히 명상 가운데 있으므로 처음 떠오르는 생각을 취할 것이다. 그녀는 아홉 살 때 부모님이 몇 주간 터키를 방문했다가 다시 떠나던 날을 상기한다. 다정한 관찰자 시점은 어린 횔야가 문 앞에 서서 부모님과 작별 인사를 하는 모습을 본다. 그러자 이 부분에서 횔야에게 격한 감정이 솟구친다. 그녀는 훌쩍훌쩍 울기 시작한다. 몸이 떨린다. 그녀는 호흡을 멈추지 않은 채 그 모든 것을 허락한다. 그녀의 일부가 다정한 관찰자 시점에서 거리를 두고 내면의 아이와 그 아이가 느끼는 슬픔을 바라본다. 그 감정을 진정으로 느낀 다음 횔야는 기차 속 트리거 상황과 마찬가지로 질문을 던진다.

1. 아이의 감정이 어떨까? → 슬픔
2. 아이가 몸의 어디서 그것을 느낄까? → 가슴과 목

3. 아이의 생각은 어떨까? → '난 혼자야.'

4. 아이가 어떻게 행동할까? → 경직되어 있다.

대답은 기차에서의 상황과 거의 동일하다. 여기서 휠야는 옛 사고 패턴이 고스란히 현재로 옮겨왔음을 깨닫는다. 내면의 아이의 관점을 정확히 넘겨받은 것이다. 그 사건이 있은 지 이미 몇십 년이 지났는데도 말이다. 이것은 의식이 시간을 초월한다는 것을 보여준다. 저장된 감정을 처리하지 않으면 그 감정이 필터에 걸러지지 않은 채 언제든 떠오를 수 있다.

나는 몇 년 전에 한 남자와 함께 작업을 했다. 80이 넘은 노인이었는데 드레스덴Dresden에서 어린 시절을 보낸 사람이었다. 내면의 아이를 다루는 동안 그는 전쟁이 끝날 무렵 포탄이 쏟아지던 밤을 몸으로 느낄 수 있을 만큼 생생하게 기억했다. 70년이나 지났는데도 그 상황이 방금 일어나기라도 한 것처럼 다시 극심한 공포가 마음에서 솟구친다고 했다.

결핍 제거하기

휠야는 마지막 단계로 (다정한 관찰자 시점에서) 이렇게 묻는다.

"부모가 떠나는 상황에서 내면의 아이는 무엇을 가장 필요로 할까?"

대답은 곧장 떠오른다.

"안정감, 그리고 따뜻하게 안아주는 것."

휠야는 이제 자신이 내면의 아이에게 조심스럽고 부드럽게 다가가는 것을 시각화한다. 내면의 아이는 보통 겁이 많고 소심하다. 그리하여 사람을 경계하는 동물에게 다가갈 때처럼 인내심을 가지고 천천히 다가가야 한다. 휠야는 처음에 아이의 손만 잡는다. 내면의 아이는 차츰 휠야가 자신을 안아주는 걸 허락한다. 휠야는 자신의 딸을 돌보는 듯한 심정이 된다.(이 자리에서 더 생생한 느낌을 갖기 위해서는 쿠션을 품에 안는 것도 도움이 될 것이다.)

이제 휠야는 내면의 아이에게 그가 필요로 하는 말을 해준다.

"내가 곁에 있을게. 내가 따뜻하게 보살펴주고, 안전하게 지켜줄게. 넌 더 이상 혼자가 아니야."

그러자 다시 강한 감정들이 솟구친다. 휠야는 훌쩍이기 시작한다. 그럼에도 그녀는 계속 호흡을 주시한다. 그녀는 내면의 아이에게 그 말을 반복해서 들려준다. 처음에는 생각만으로, 그 다음에는 소리 내어 말한다. 두 가지 모두 가능하다. 중요한 것은 그냥 성의 없이 반복하는 것이 아니라 진정성을 담아 하는 것이다. 새로운 정보는 그럴 때에만 내면으로 흘러 들어가고 평화의 감정이 깃든다.

때로 내면의 아이는 이런 새로운 정보를 아직 완전히 받아들이지 못하거나 믿지 못한다. 경험의 보고에 다른 메시지가 들어 있기 때문이다. 그리하여 그 정보가 아이에게 정말로 도착할 때까지 계속 그 정보를 공급해주어야 한다.

이런 과정은 보통 일회적으로는 충분하지 않다. 기억하라. 모든 것은 훈련이며, 훈련은 끊임없이 반복하는 것이다. 매번 여기서 기술한 것처럼 상세하게 할 필요는 없다. 그러나 매일 10분 정도 (잠에서 깨어나서, 혹은 잠들기 전에) 내면의 아이와 만남을 갖고 그가 필요로 하는 이야기를 해주면 내면의 아이는 차츰차츰 편안해질 것이다. 그렇게 되면 사소한 트리거에도 폴짝 위로 튕겨 나와 지각의 통제권을 쥐는 일이 일어나지 않는다. 명심하라. 내면의 아이가 편안할수록 당신도 편안하다.

외로운 감정이 내면의 아이에게서 연유한다는 것을 이해한 뒤, 휠야는 여러 달을 (매일 몇 분간의 시간을 내어) 내면의 작은 휠야와 만남을 가졌다. 만날 때마다 휠야는 내면의 아이에게 이제 더 이상 혼자가 아니라고 이야기했고, 내면의 아이를 품에 안아주는 상상을 했다. 그러자 시간이 가면서 고통스런 감정들은 점점 약화되었다. 그리하여 요즘에는 감기 몸살이 났거나, 다른 커플을 볼 때 더 이상 그것 때문에 트리거 상황에 들어가지 않는다. 그럼에도 외로움이 다시 치고 올라오는 경우, 휠야는 내면의 아이를 돌볼 시간이 되었음을 안다. 그러면 결핍의 방을 빠르게 벗어날 수 있다.

실제적인 연습

이 책은 날지 못한다

자신이 현실을 받아들이고 있는지 그렇지 않은지는 불평을 얼마나 강하게 쏟아내고 있는지를 보면 알 수 있다. 일상에서 당신이 불평을 하는지, 만약 불평을 한다면 어느 때 하는지를 관찰해보라. 판단하지 말고 그것을 다정하고 사랑스럽게 지각하라. 그리고 불평을 중단하라. 계속해서 내려놓고 지금의 있는 그대로의 현실을 받아들여라. 이 책은 날지 못한다.

감사를 개발하라

감사하는 마음이 들기 시작하면 결핍의 상태에서 순식간에 벗어날 수 있다. 행복의 이유가 되는 많은 것들이 지금 여기에 이미 존재한다. 그냥 눈을 들어 그것들을 보기만 하면 된다. 그런 것들로 주의를 돌릴수록 결핍의 방을 빠르게 떠나게 될 것이다. 감사 일기를 써보라. 매일 다섯 가지씩 감사 제목을 기록하라. 물론 늘 다른 것을 써보는 게 좋다. 큰 것이 아니어도 좋다. 타이는 "치통이 없다는 것만으로도 이미 감사 제목이 됩니다."라고 말하곤 했다.

내면의 아이를 돌보는 작업

되풀이되는 패턴이 있다면 어린 시절부터 훈련해온 것일 확률이 높다. 무엇보다 열등감과 결핍의 방에 자주 들어간다면, 내면의 아이를 돌보는 작업이 긍정적인 효과를 발휘할 것이다. 내면의 아이가 차츰 편안해지고, 당신과 함께 결핍이 아닌 충만함을 느낄 수 있을 때까지 자주 돌보아라.

내가 생각하는 내가 진짜 나일까?

내면의 아이를 돌보는 단계

- 지금 여기로 돌아와 있는 그대로를 다정하게 지각한다.
- 호흡이 어떻게 흐르는지를 지각하고 주의의 일부를 계속 호흡에 둔다.
- 당신의 내면에 결핍의 아픔을 불러일으키는 상황, 즉 트리거 상황을 시각화한다.
- 여기서 나타나는 감정 상태를 언제부터 알아왔는지 자문한다. 트리거 상황에서 등장하는 내면의 아이와 만난다.
- 내면의 아이에게 그가 옛날에 그렇게도 원했던 말을 해주고, 애정을 듬뿍 준다.

결핍의 방 들여다보기

상태

결핍에 동반되는 상태를 경험한다. "나는 ○○을 필요로 해!"라는 것이 이 방의 중심된 문장이다. 이 방에서 우리는 충분히 가지고 있지 못하며, 충분히 누리고 있지 못하고, 충분한 대우를 받지 못하고 있다고 믿는다. 손해를 보고 있으며, 관심과 존중을 받지 못한다는 생각이 든다. 우리는 불평 모드로 살면서 끊임없이 인정받기를 갈구한다.

믿음의 문장틀

- 난 무조건 그게 필요해.
- 나는 늘 손해만 봐.
- 다른 사람들은 다들 더 많이 가지고 있어.
- 나는 충분히 가지고 있지 않아.
- 이건 공평하지 못해.
- 나는 주목받지/존중받지/이해받지 못하고 있어.
- 나는 결코 의도하는 것을/마땅히 받아야 할 것을/바라는 것을 얻지 못해.
- 나는 늘 모든 것을 참아야 해.
- 나는 하기 싫은 걸 해야만 해.
- 나는 무시당하고 있어.
- 나는 존재감이 없어.

내가 생각하는 내가 진짜 나일까?

- 정말 부당한 일이야.
- 나는 다른 사람들을, 그들은 나를 이해하지 못해.
- 나는 속고 살았어.
- 나를 좀 보라고!

감정

- 괴로운, 모자라는, 요구하는, 반항하는, 좌절한, 시샘하는, 실망한, 무기력한, 외로운, 우울한, 의심하는
- 쉽게 상처받고 불쾌해한다. 화내고, 분노하고, 질투한다.
- 부당한 대우를 받는다는 느낌, 늘 뒷전으로 밀린다는 느낌
- 인정받고 확인받고 싶은 마음

행동 패턴

- 비판하고, 공격하고, 비교하고, 경쟁하고, 비난하고, 불평하고, 더 많이 얻으려고 싸운다.
- 관용과 너그러움이 별로 없다.
- 관심을 끌기 위해 스스로를 드러낸다.

출구

- 있는 그대로 받아들인다.
- 불평하고 비방하는 경향을 관찰한다.
- 감사를 개발한다.
- 내면의 아이를 돌본다.
- 바이런 케이티의 말에 담긴 진실을 깨닫는다. "내가 기도를 한다면 이런 기도일 것이다. 신이시여, 사랑받고 인정받고 존경받기를 바라지 않도록 해주십시오. 아멘!"

네 번째 방

오만의 방

생각을 믿으면 나는 괴롭다.
그러나 생각의 배후를 캐물으면
괴로움이 그친다.

_바이런 케이티

사람들이 감사의 말을 전해오면 마치 상 받는 기분이에요. 그리고 내 의견을 널리 확신시켜야 한다는 일념으로 공개적으로 말을 하죠. 그런데 돌아서면 좀 씁쓸하죠.(마를레네, 40대 중반)

몸 관리를 하지 않고 살이 찐 사람들을 보면 속으로 판단해요. "아, 어째서 저럴까! 어쩌면 저렇게 배가 나오는데도 식사 조절을 하지 않지?" "저런 다리로 어떻게 핫팬츠를 입고 다닐 수가 있어?" 그 사람들은 여전히 즐겁게 거리를 활보하고, 나 혼자 불퉁거려요.(우어줄라, 60대 중반)

명상 공동체에서 우리의 일상은 저녁까지 꽉 짜여 있었다. 새

벽 4시 30분에 기상 종이 울렸고 5시에 첫 번째 좌명상이 시작되었다. 다른 사람들의 수행을 방해하지 않도록 시간을 정확히 지켜야 했다. 밤 9시부터는 침묵했고, 늦어도 밤 9시 30분이면 잠자리에 들었다. 나는 시간표를 정확히 지켰다. 한편으로는 마음 챙김을 연습해보고 참 좋다는 걸 실감했기에 자원해서 센터의 규칙을 엄수하고자 했고, 다른 한편으로는 그때도 종종 열등감의 방을 드나들다 보니 무조건적으로 공동체 사람들에게 좋은 인상을 주고자 했기 때문이다. 기억하라. 열등감의 방에 있으면 비판을 견디기 힘들어한다는 것을! 결국 그 상태가 싫어서 훈련을 하는 것이다.

게다가 그즈음 열등감의 방은 내가 체류하는 유일한 방이 아니었다. 나는 이제 상당히 교만한 상태로도 들어가곤 했다. 이를테면 나와 같은 방을 쓰는 아론을 대할 때 그러했다. 아론은 미국인인데, 그에 대한 나의 평가는 분명했다. '아론은 도무지 자기 관리가 안 되는 사람이다.'라는 것이다. 아론은 명상 시간에 곧잘 지각했다. 밤에 (침묵 규정에도 불구하고) 너무 늦게까지 깨어 잡담을 하다 보니 아침 명상 시간을 번번이 놓치는 것이다. 게다가 매일 달콤한 간식을 많이 먹었다. 나는 명상 공동체에서 거의 금욕적으로 살다시피 해서 아론의 게으름과 대비되는 기념비처럼 되었다.

아론에 대한 나의 변죽울림은 상당히 은근하면서도 명확했다. 새벽 명상이 끝난 뒤 방으로 돌아왔을 때 아론이 그제야 눈을 뜨는 걸 보면 나는 "어? 벌써 일어나?"라고 말하면서 내가 그를 형편없는 수행자로 여긴다는 뉘앙스를 풍겼다. 그가 쿠키나 아이스크림, 초콜릿 같은 것을 먹는 걸 보면 피식하고 웃어주었다. 그리고 다른 동료들 앞에서 장난스럽게 눈을 흘기며 아론이 얼마나 엉망으로 지내는지를 떠벌렸다. 아론이 어느 순간 방을 바꾸었을 때 나는 상당히 놀랐다. 몇 주 뒤 누군가에게서 아론이 더 이상 나랑 같은 방을 쓰고 싶지 않다고 했다는 말을 전해 들었다.

오만의 방에 어떻게 빠져들까

오만과 거만의 방은 다른 방들보다 더 크고, 좋고, 화려하다. 오만의 방에 있을 때 당신은 당연한 듯이 스스로를 다른 사람보다 괜찮게 여긴다. 동식물도 당신의 필요를 만족시키기 위해서만 존재하는 것으로 여긴다. 생각은 자아도취적, 독선적이다. "내가 더 잘 알아!" "내가 더 잘할 수 있어!" "내 마음대로 할 거야!" "내가 옳아!" 지배적인 정서는 자랑, 화, 조급함, 외로움이다. 이런 상태에 있으면 다른 사람들을 깎아내리고, 짜증내고, 신경질을 부리고, 자기중심적이고, 빈정거리고, 피해를 보면 되갚아주고자 한다. 그러다가 사람들이 자신의 요구에 부응하면 다시 호의적인 태도를 보인다. 주변 사람들을 얕보고 무시하는 태도를 보이면서도 갈채와 경탄을 기대한다. 자신에게 경탄할 수 없다면 최소한 존경이라도 해줘야 한다는 생각이다. 필요하면 두려움을 주입하고 겁을 줄 용의도 있다. 충고나 조언 같은 건 듣지 않는다. 외부 사람들이 보기에 당신은 안하무인이고, 잘난 체하고, 공격적이고, 자기중심적이고, 나르시시즘이 있고, 지배적인 사람으로 인지된다.

주의가 이성을 따라 이 방으로 들어가면 다른 사람의 의견이나 행동이 도무지 마땅치 않게 여겨진다. 당신은 계속해서 주변을 판단하고 비판한다. 삶에서 딱히 이룬 것도 없고, 옷도 후줄근하게 입고 다니고, '별 볼일 없는' 직업을 가졌고, 잘나가는 친구들도 없고, 당신과 의견도 다르고, 지적이지 않다는 이유로 사람들을 깎아내린다. 반면 늘 자신의 성공을 헤아리고, 지금까지 얼마나 멋진 경험을 했는지, 뭘 할 수 있고, 뭘 가지고 있는지를 이야기한다. 똑똑하거나 돈이 많거나, 그럴싸한 직업이나 지위를 가졌으므로 자신이 아주 훌륭하다고 느낀다. 자신의 집안이나 국적을 자랑스러워할지도 모른다. 또는 유명한 사람들을 많이 알기에, 혹은 외모가 빼어나기에 스스로를 꽤나 대단하게 여길지도 모른다.

이 방에서 당신은 다른 사람들에 대해 좋지 않게 말한다. 눈을 부리리며 빠르게 냉소적인 태도로 말을 한다. 상대방이 말도 안 되는 소리를 하거나, 마땅치 않은 행동을 한다고 생각하기 때문이다. 자신과 의견이 다른 사람을 큰 소리로 공격하기도 한 다. 말로 안 되면 힘을 과시하려 드는 불량 청소년처럼 주먹으로 한 대 치기도 한다. 오만한 상태에서의 행동반경은 매우 넓다. 말없이 스스로를 높이는 태도부터 심한 신체적 폭력에 이르기까지 행동 양식이 다양하다.

60대 중반의 볼프강은 오랜 세월을 오만의 방에서 지냈다.

나는 논쟁이 붙을 때마다 무조건 이기려고 했어요. 늘 강자가 되어 내 말이 옳다는 걸 보여주고자 했죠. 중요한 것은 상대의 야코를 죽이는 것이었죠. 나는 또한 사람들을 빠르게 서랍으로 분류했어요. 외모에 따라, 말하는 태도에 따라 말이에요. 한번 그렇게 분류해 버리면 그만이었어요. 분류된 사람들은 다른 서랍으로 이동할 기회가 전혀 없었죠. 이런 경향은 그동안 좀 개선되었어요. 하지만 사사건건 말싸움에서 이기려 하는 버릇은 고치기가 정말 힘들었어요.

오만의 상태에서 당신은 독재자가 될 수 있다. 처음에는 스스로를 높이는 마음을 감히 드러낼 수 없어 머릿속에서만 교만한 마음을 품을 수도 있다. 그러나 이 방에 깊숙이 미끄러져 들어가는 동시에 조건이 맞아떨어지면 힘을 행사하고 다른 사람에게 자신의 뜻을 강요하고자 한다. 이런 침해는 종종 당연한 것처럼 일어나고, 외부의 모든 저항은 몰이해를 낳는다. 스스로 100퍼센트 옳다고 느끼기 때문이다. 내가 아론에게 그랬던 것처럼 말이다. 이 방에 있으면 타협은 전혀 고려 사항이 되지 못한다. 늘 자기 식대로 되어야 한다. 양보하느니 손해를 보더라도 끝장을 보고 만다. 특정 사회 계층과 직업군은 오만의 방을 그야말로 추앙하다시피 하며 스스로를 영화롭게 하는 행동을 부추긴다. 다음에서 안네가 말하고 있듯이 기업 컨설팅 같은 분야에서는 더더욱 그렇다.

내가 하는 일에서는 거만하고 도도한 태도가 거의 체계적으로 부추겨지다시피 해요. "컨설팅을 할 때는 너희가 베스트야. 너희보다 잘 아는 사람은 없어."라는 소리를 귀에 못이 박히게 들었죠. 그 의미는 상담하러 오는 고객들보다 우리가 더 낫다는 뜻이에요. 그러다 보니 동료가 우리 회사에서 거래처로 자리를 옮기면 모두가 "맙소사! 루저 탄생이네."라고 하지요. 우습게 들리겠지만, 이런 분위기가 존재해요. 기업 컨설팅 분야에서는 'Up or Out', 이 두 선택지밖에 없어요. 잘나가서 2년에 한 번씩 승진하거나 아니면 밀려나거나…. 그 말은 가장 오래 버티는 사람이 최고라는 이야기고, 스스로도 그렇게 느끼죠. 그 사람에게 따르는 온갖 지위 상징이 그런 느낌을 부추겨요. 언젠가 프랑크푸르트 거리에 서서 나를 픽업해줄 회사 차를 기다리고 있었어요. 그런데 회사 직원이 폭스바겐 골프를 몰고 나타났지 뭐예요. 그 순간 나는 몹시 어리둥절하고 당황했어요! 내 머릿속엔 벤츠, BMW, 아우디만 존재했거든요.

기업 컨설턴트 안네는 열등감의 방에서 이미 등장했었다. 안네 역시 나처럼 열등감의 방과 오만의 방을 왔다 갔다 했다. 이들 두 방을 교대로 오가는 사람들은 상당히 많다. 열등감, 결핍처럼 뭔가 부족을 느끼는 방뿐 아니라 오만의 방도 에고의 집에서 같은 구역에 위치하기 때문이다. 같은 믿음이 이 구역을 지배한다. 이 구역에서 당신은 '보다 나은 것'과 '보다 뒤지는 것'이 있다고 확신한다. 그리고 이런 세계관에 따라 자신과 타인을 분류한다. "나는 그 사람보다 나아. 내가 더 돈도 많고, 똑똑하고, 아름답고 능력 있지. 나는 그 사람보다 나아. 내가 이런 집단, 나라, 종교에 속해 있기 때문이지."라고 하는 것이다. 이런 상태에서 스스로 '아무개보다 뒤진다'고 느끼면 가능하면 빠르게 뒤지지 않게 바꾸고자 할 것이다. 그러므로 오만의 방은 통제의 방 측면에 붙어 있다. 당신은 상황을 통제하거나, 변화시키거나, 조작하여 다시 '더 낫게' 보이게끔 하려고 한다. 스스로 비하당하기보다 오만의 방으로 도피하여 다른 사람들을 깎아내리는 것이 더 낫게 느껴진다. "그 사람만큼 나쁘지 않은 이상, 나는 괜찮아."라는 모토에 따라서 말이다.

한편 열등감에 대한 두려움으로 인해 오만의 방으로 옮겨가기도 하지만, 통제가 미치지 못하고 일이 마음대로 되지 않아서 오만의 방에 들어가기도 한다. 에이전시를 운영하는 카롤리네에게도 종종 그런 일이 일어난다.

부하 직원이나 거래처 담당자가 일을 제대로 하지 못한다고 생각되면 나는 완전히 거만해지고, 논리적으로 따지고, 차가워져요. 마치 몸을 잘라내버린 듯 가슴으로 느끼지 못하고, 머리만 존재하는 느낌이지요. 그러면 이런 생각이 들어요. '이건 나 혼자만 할 수 있어! 돌아가는 상황을 내가 가장 잘 알아.' 이런 생각이 들면 말조심을 해야 해요. 조심하지 않으면 곧장 "아무개 씨는 이 일이 맞지 않는 것 같아요. 다음번에는 좀 심사숙고해서 직업을 선택했으면 좋겠어요!"와 같은 말이 튀어나오거든요. 이건 굉장히 외로운 느낌을 불러일으켜요. 하지만 한번 이렇게 화가 나고 거만한 마음이 들면 스위치를 바꾸기가 쉽지 않아요. 그런데 나랑 비슷한 사람들이랑 함께 일해보니 참 안 좋더라고요. 우리는 끼리끼리 나르시시즘을 부추기며 서로 맞장구를 치고, 우리가 특별한 사람이라도 된 것처럼 느꼈어요. "다른 사람들은 아무것도 몰라. 하지만 우린 어떻게 되는 건지 알고 있어."

우리는 통제의 방에서 이미 모나를 만난 바 있다. 모나 역시 통제만으로 잘 안 될 때 오만의 방으로 옮겨온다.

　나는 아주 효율적인 사람이고, 특정한 일을 어떻게 처리하면 가장 좋을지를 알고 있어요. 가령 토마토 씨앗은 이렇게 뿌려야 하고, 냉장고는 이렇게 정리해야 하며, 다르게 하면 안 된다는 식이죠. 식기세척기에 식기들을 집어넣는 일을 나만큼 효율적으로 하는 사람이 없다고 여겨요. 무엇을 어디에 넣어야 좋은지 정확히 알고 있으니까요. 다른 사람이 식기를 집어넣는 걸 보면 이런 생각이 들어요. '오, 맙소사! 저것 좀 봐. 저렇게 하면 안 되지. 내가 훨씬 잘하는데!' 이런 상황에서 나는 심장이 벌렁거리고 초조해요. 조금 더 지켜보다 결국 못 견디고 지적을 하며, 상대의 손에서 식기를 빼앗아, 다시 넣고 빼고 내가 다 해요. 당하는 사람은 당연히 기분 나쁘죠.

집단적인 오만

　부모든, 선생이든, 상사든, CEO든, 국가 지도자든 누군가 오만의 방에 위치해 다른 사람들에게 영향을 미친다면 주변 세계는 괴로울 수밖에 없다. 오만의 방에 있는 사람은 자녀들을 좌지우지하고, 직원들에게 굴욕감을 안겨주기 때문이다. 인류의 역사책에는 오만의 방을 주된 거처로 삼고 약자를 압제했던 권력자들로 가득하다.

　국가원수들이 이런 상태에 있으면 수단과 방법을 가리지 않고 자신의 권력을 공고히 하고자 한다. 자신들이 가장 적임자고 다른 사람들로 대치할 수 없다고 믿기 때문이다. 권력을 유지하기 위해 높은 대가를 치르는 것도 마다하지 않는다. 법을 깨뜨리고 잣대를 굽게 하고, 많은 사람들의 생명을 희생시키는 것도 불사한다.

오만의 방에 깊이 들어갈수록 공감 능력이 떨어진다. 모든 에고의 방에서 당사자는 자신의 관점을 궁극적인 진실로 여긴다. 열등감의 방에서도 '충분히 괜찮지 않다.'라고 100퍼센트 확신한다. 하지만 열등감의 방에서 분노가 주로 안으로 향한다면 오만의 방에서는 완력을 사용하려는 마음이 밖으로 향한다. 화나고 짜증나는 것이 주된 감정이다. 생각이 같은 사람들과 함께 집단적으로 오만의 방에 들어가면 공격성은 여러 배로 배가된다. 그리하여 무자비하고 잔인하게 목표를 관철시키고자 하는 폭도가 형성될 수도 있다.

오만한 집단은 늘 자기들의 의견이 더 중요하고, 자신들의 자질과 수준이 다른 사람들보다 더 낫다고 확신한다. 그리하여 다른 사람, 혹은 다른 집단을 무시하고, 공격하고, 차별하고, 박해한다. 집단에 따라 특정한 정치적 견해, 국적, 민족, 종교의 가치를 특히 높게 칠 수 있으며, 피부색, 성별, 성적 지향성, 특정 견해, 가족적·사회적 배경으로 사람을 비하한다.

오만의 방에는 결핍의 방으로 통하는 직통 문도 있다. 그렇게

내가 생각하는 내가 진짜 나일까?

되면 집단은 "우린 늘 손해만 봐. 다른 사람들이 우리 것을 빼앗아가고 있어."(결핍)라는 믿음으로 자신이 받아야 한다고 생각하는 것(오만)을 스스로 취하고자 한다. 집단적 오만으로 인해 차별이 빚어지고, 신체적 경계를 침해하고, 생명을 앗아가는 일이 서슴없이 자행되기도 한다. 광신주의와 열광주의는 대체로 오만의 방에서 탄생한다. 나치와 독일의 적군파는 광신적 집단이 사람들을 무자비하게 학살하는 것을 자신들이 누려야 할 정당한 권리처럼 여길 수도 있음을 여실히 보여준다. 국민의 대부분이 오만의 상태로 들어가면 전쟁이 일어날 수도 있다. 자신의 세력을 넓히고, 다른 나라를 공격하여 복종시키려고 하기 때문이다.

오만의 방에서 빠져나오기

칼은 친구가 권해서 나를 찾아왔다. 칼의 전 여자 친구가 그를 경찰에 고소한 상태인데, 몇 달간 스토킹을 하고 있다는 이유였다. 칼은 계속 여자 친구의 집 앞에서 기다리고, 이메일, 문자, 전화 등을 빗발치듯 해대고 있었다. 그는 자신이 그렇게 하고 있음을 인정하면서도 그것이 잘못이라고 생각하지는 않는다. 그녀를 만나는 것이 자신의 정당한 권리라고 믿기 때문이다. 그는 사무적인 어조로 "저는 아무 짓도 하지 않아요. 그냥 이야기만 좀 하려는 거예요."라고 반복해서 말한다. 전 여자 친구가 자신을 떠난 이유를 납득할 수 없다는 것이다. 그녀가 표면적으로 내세운 이유는 진정한 이유가 아니라고 생각한다. 또한 그는 좀처럼 자신에게 책임이 없다고 본다. "누구나 실수는 하잖아요."라면서. 그가 보기에 사귈 적에 종종 부딪히고 했던 것은 무엇보다 여자 친구의 잘못이다.

칼은 결핍과 오만의 방을 왔다 갔다 한다. 스스로를 피해자로 여기고, 전 여자 친구의 태도를 불평하는(결핍) 동시에 자신이 그녀와 연락할 권리가 있다고 본다. 그녀가 자신의 소유물인 것처럼 말이다(오만).

바이런 케이티는 자신의 책 《사랑이란 무엇인가》에서 세 가지 소관을 구분해야 함을 이야기한다.

1. 나의 소관 - 모두가 자신의 소관만을 담당한다.

2. 너의 소관 - 너는 네 소관을 담당한다.

3. 신 또는 우주의 소관 - 날씨, 지진, 홍수 등이 여기에 속한다.

이런 인식을 토대로 나는 칼이 자신의 소관이 어디에서 시작되고, 어디에서 끝나는지를 깨닫도록 했다.

"당신이 누군가를 만날지 말지는 누구 소관이죠?"

칼은 잠시 생각하더니 "그건 제 소관이죠."라고 대답했다.

"내가 누군가를 만나고자 하는 건 누구 소관이죠?"

"당신 소관이죠."

"그럼 당신의 전 여자 친구가 누군가를 만날지 말지는 누구 소관이죠?"

침묵. 칼은 잠시 생각한 뒤 말했다.

"그녀의 소관?"

"네, 맞아요. 그녀의 소관입니다."

당신의 소관이 끝나고 상대의 소관이 시작되는 곳이 어디인지를 알면 삶은 훨씬 단순해진다. 사람은 늘 자신의 소관만 책임질 수 있기 때문이다. 다른 사람의 일에 끼어들자마자 당신의 삶과 상대의 삶에 스트레스와 괴로움이 양산된다. 오만의 방에 있는 사람은 늘 다른 사람의 일에 끼어들고 간섭한다. 스스로 더 잘 안다고 생각하기 때문이다. 자신이 다른 사람의 소관에 개입하고 있음을 아는 것이 오만의 방을 떠나는 첫걸음이 될 수 있다.

많은 사람들은 무엇이 누구 소관인지 구분하기 힘들어한다. 여기 몇몇 예가 있다.

· 열 살짜리 아들이 무슨 옷을 입을지는 누구의 소관일까? 당신이 아들

의 옷을 사주므로 당신이 아들의 의류비로 얼마를 지출할지, 그 옷들이 아들에게 적절하다고 생각할지는 당신 소관이다. 하지만 아이가 자기 옷 중에서 무슨 옷을, 어떻게 입을지는 아이의 소관이다.

· 열여섯 살짜리 딸이 키스를 할지, 누구랑 할지는 누구 소관일까? 딸의 소관이다. 당신이 걱정이 되거나 생각하는 바가 있을 때 딸과 걱정을 나누고 상의하는 것은 당신의 소관이다. 하지만 키스를 할지, 누구랑 할지는 딸의 소관이다.

· 동료가 일을 제대로 하지 않는 것은 누구 소관일까? 그것은 동료 자신, 그리고 당신 상사의 소관이다.

· 알코올중독인 아내가 다시 술을 마시기 시작한다면 그건 누구 소관일까? 그녀의 소관이다. 하지만 당신이 그것에 어떻게 반응할 것인지, 계속해서 그녀와 결혼 관계를 유지할 것인지는 당신의 소관이다.

바이런 케이티와 The Work

앞에서도 언급한 영적 스승인 바이런 케이티는 10년 이상 우울증과 불안장애를 앓았고 나중에는 침실을 전혀 떠나지 못하는 상태가 되었다. 그러던 어느 날 아침 그녀에게 이런 깨달음이 왔다.

"생각을 믿으면 나는 괴롭다. 그러나 생각의 배후를 캐물으면 괴로움이 그친다."

이런 경험을 한 이래로 그녀는 자신이 'The Work'라 명명한 방법을 전수하고 있다. 우리의 생각과 관점이 사실인지를 점검하는 것 자체가 부단한 작업work이기 때문이다. 여기서 바이런 케이티의 방법을 소개하려 한다. 이 방법이 오만의 방을 비롯한 에고의 방들을 떠나게끔 하는 탁월한 수단이 되어줄 것이다.[7>]

The Work는 굳이 따지자면 마음 챙김의 3단계, 즉 있는 그대로 받아들이는 단계에 속한다. The Work는 진실을 볼 수 있도록 도와주는데, 진실을 깨닫고 나면 자동적으로 안정과 평화가 깃들게 된다. 하지만 바이런 케이티의 방법을 적용하려면 우선 마음 챙김의 1, 2단계(지금 여기로 돌아오기, 현실을 다정하게 지각하기)를 실행하는 것이 필수다. 당신은 우선 스스로 지금 무엇을 생각하는지, 괴로움이 어디에서 기인하는지를 확인해야 한다. 스스로를 힘들게 하는 판단을 지금 여기에서 지각한 다음, The Work로 자세히 점검한다.

아직 연습이 되지 않았다면 괴로움을 주는 생각이 무엇인지 전혀 알아차리지 못할 수도 있다. 그래서 그저 어떤 감정으로 인해 괴롭다고 생각할 수도 있다. 짓누르는 감정이나 가슴이 옥죄이는 느낌이 지각되기 때문이다. 하지만 괴로움에는 언제나 특정한 생각이 동반된다. 때로 이런 생각들과 그와 연관된 시각과 관점은 상당히 오래된 것이라 그것들과 동일시된 나머지 알아차리기 힘들지도 모른다. 이런 경우에는 생각이 당신에게 착달라붙어 있어서 잘 보이지 않을 것이다. 그러므로 이성과 늘 거리를 확보하는 것이 중요하다. 자유롭고자 한다면 어떤 생각이 괴로움을 만들어내는지를 새롭게 지각하는 것이 가장 중요한 과제다.

생각을 확인하자마자(연습을 많이 할수록 더 빠르게 확인할 수 있다.) 자신이 에고의 집에서 어떤 방에 들어가 있는지를 곧장 알 것이다. 당신은 그중 네 방을 이미 잘 알고 있다.

오만의 방에서는 군림하려 하고, 다른 사람들을 비하하는 생각을 한다.

- "대체 일을 어떻게 그 따위로 하지?"
- "너무 뚱뚱해. 살 좀 빼지."
- "사람이 말을 하면 귀 기울여 들어야지."

오만의 방에 있으면 다른 사람들을 깎아내린다. 하지만 스스로도 괴롭다. 그런 생각이 들 때 어떤 기분이 되는지 느껴보면 된다. 누군가를 비하하는 것이 어떤 느낌인가? 상태가 좋을 때도 그렇게 할까?

결핍의 방에서는 외적인 무엇인가가 부족하다고 확신한다.

- "충분하지 않아."

- "관심을 원해."

- "이건 공평하지 않아!"

열등감의 방에서는 자신에게 뭔가가 부족하다고 확신한다.

- "내 몸매는 충분히 매력적이지 않아."

- "난 능력 부족이야."

- "난 뭔가 좀 비정상이야."

통제의 방에서는 자신이 없이는 안 된다고, 자신이 수고하지 않으면 안 된다고 믿는다.

- "완벽하게 해야 해."

- "조심하지 않으면 나쁜 일이 일어날 거야."

- "무방비로 있어서는 안 돼."

괴로움을 만들어내는 생각은 늘 판단이다. 다른 사람에 대한, 삶에 대한, 자신과 자신의 몸에 대한 판단이다. 스스로를 괴롭게 하는 판단을 지각했는가? 그러면 The Work를 시작할 수 있다. 해당 판단(생각)이 당신에게 커다란 영향을 미쳤던 상황을 상상해보라. 내면의 아이를 돌보는 작업과 비슷하게 가장 고통이 심했던 장소로 가라. 예를 들면 다음과 같다.

- 무지막지하게 기분 나빴던 상사와의 대화를 떠올린다.
- 지불해야 하는 카드 이용대금을 생각한다.
- 파티에서 혼자만 파트너가 없었던 상황을 눈앞에 그린다.

이제 자신의 생각과 관련하여 다음 네 가지 간단한 질문을 던져보라. 그런 다음 믿음의 문장을 뒤집어볼 것이다. 초심자라면 모든 과정을 글로 기록해보는 것이 도움이 될 것이다. 내가 지금 보여주는 것처럼 누군가 당신을 가이드해주지 않는 이상에는 말이다.

네 가지 질문은 이것이다.

1. 그것이 진짜일까?
2. 그것이 진짜라는 걸 절대적으로 확신할 수 있을까?
3. 그 생각을 믿을 때 당신은 일어나는 일에 어떻게 반응할까?
4. 그 생각이 없다면 당신은 어떤 사람이 될까?

앞서 소개한 칼의 사례를 통해 이 과정을 소개해보겠다. 칼은 "마리온은 나와 대화를 해야 해."라는 생각 때문에 괴롭다. 그가

내가 생각하는 내가 진짜 나일까?

아무리 원해도 마리온이 대화를 원치 않으니 말이다. 칼은 이제 눈을 감고 머릿속으로 이 문장이 강하게 대두되는 상황을 상상한다. 칼은 전 여자 친구 마리온의 집 앞에서 대기하고 있고, 마리온이 나와서 자신은 칼과 이야기하고 싶지 않다고 소리치고는 들어가버린다.

나는 첫 질문을 던진다.

"마리온의 집 앞에서 이런 일이 있었는데, 마리온이 당신과 대화를 해야 마땅하다는 말이 과연 맞는 말일까요?"

칼이 대답한다.

"네. 맞는 말입니다."

나는 두 번째 질문을 던진다.

"그것이 맞는 말이라는 걸 절대적으로 확신할 수 있나요?"

칼에게 미리 The Work가 명상 과정이므로 시간적으로 여유를 두고 대답하면 된다고 했기 때문에 칼은 우선 조용히 생각을 한 뒤 "네."라고 대답한다.

나는 세 번째 질문을 던진다.

"당신이 그 생각을 믿는다면 당신에게 일어나는 일에 어떻게 반응할까요? 마리온이 당신과 대화를 해야 한다고 믿는데, 그녀가 대화에 응하지 않는다면요?"

칼은 대답한다.

"나는 화가 나서 마리온이 억지로 나와 대화하게끔 강요해요. 그녀 뒤를 따라다니며 이야기 좀 하자고 소리를 지르지요."

이제 네 번째 질문이다.

"마리온이 당신과 대화를 해야 한다는 그 생각이 없으면 당신은 어떤 사람이 될까요? 당신은 같은 상황에 있고 그 생각이 당신의 지각 영역으로 발을 디디지 못하고 있다고 상상해봐요. 그 생각이 떠올라도 그것에 주의를 기울이지 않아요. 그 생각이 없으면 당신은 어떤 사람이 될까요?"

칼은 다시금 눈을 감고 여유 있게 상상한다. 그러고는 이렇게 대답한다.

"나는 더 자유로울 거예요. 상황을 있는 그대로 받아들이고 더 이상 그렇게 화가 나지 않을 거예요."

"그 생각을 가지고 있으면 화가 나고, 그 생각이 없으면 자유로워진다고요?"

칼은 고개를 끄덕인다. 나는 이렇게 보충한다.

"그러면 어떻게 마리온이 문제일까요? 당신의 생각이 문제 아닐까요? 그녀의 말과 행동이 아니라 당신의 생각이 당신을 힘들게 하는 겁니다."

위의 네 질문에 답을 한 뒤에는 원래의 문장을 뒤집어야 한다. The Work에서 중요한 것은 무엇이 옳은가, 또는 그른가 하는 것이 아니다. 이성이 제시하는 말을 성급하게 믿지 않고, 오로지 진실을 가려내고자 하는 것이다. 우리는 이성이 신뢰할 만한 친구가 아님을 알고 있기 때문이다. 우리는 이제 최소한 배후를 점검하지 않은 상태로는 이성을 신뢰할 수 없다.

이성이 제시하는 생각을 믿는 것은 한 귀퉁이만 보는 것이다. 그러면 그것이 자신의 관점이 된다. 우리는 그 귀퉁이에 진실이 있다고 확신한다. 마리온이 자신과 대화를 해야 한다고 칼이 믿는 것처럼 말이다. 그러나 또 다른 관점도 진실일 수 있다. 그러므로 방향 전환을 통해 다른 귀퉁이를 보며, 거기에도 진실이 있는지 점검해야 한다.

생각을 뒤집는 가능성은 여러 가지다. 칼의 원래 생각은 "마리온은 나랑 대화를 해야 해."라는 것이다. 첫 번째 생각 뒤집기에서는 원래 문장과 직접적으로 반대되는 문장을 만들어본다. 즉, "마리온은 나랑 대화를 하지 말아야 해."라는 것이다. 이어 칼은 방향을 뒤집은 문장이 진실일 수 있는 이유를 세 가지 찾아내야 한다. 이성은 원래의 시각에 대해서는 그것이 왜 맞는지 많은 예를 들 수 있으므로, 이제는 그에 대한 반작용으로 주의를 한동안 정반대되는 시점에 놓는 것이 중요하다. 이곳에서도 진실이 드러날 수 있게끔 말이다.

칼은 약간 시간을 두고 속으로 따져본 뒤에 "마리온은 나랑 대화를 하지 말아야 해."라고 뒤집은 문장이 왜 맞는 말일 수 있는지에 대해 다음 세 가지 이유를 찾아낸다.

1. "그녀는 나랑 대화할 필요가 없어요. 그녀 자신이 원하지 않으니까요. 그리고 누구랑 이야기하고 누구랑 이야기하지 않을지는 그녀의 소관이니까요."

2. "내가 그순간 너무 공격적인 태도를 보이니까, 나랑 대화하지 않는 게 낫죠. 나랑 대화해서는 안 돼요."

3. "나랑 말이 안 통할 것 같은 느낌을 받으니까 나랑 대화를 하지 않는 편이 낫죠."

칼이 찾아낸 또 하나의 생각 전환은 다음과 같다.

"나는 마리온과 이야기해야 한다."

이것은 원래 문장에서 주체와 객체를 서로 전환한 문장이다. 칼은 이 문장을 말한 뒤 잠시 멈칫하더니 "나는 그녀와 이야기하고 싶어요!"라고 고쳐 말한다. 나는 전환한 문장이 첫눈에 보기에는 말이 되지 않는 것 같아 보여도 일단 깊이 생각해보며 이 문장이 자기 속에서 울림을 주지 않는지 점검해보는 게 좋다고 말한다.

칼은 이 말이 진실일 수 있는 이유도 세 가지를 찾아낸다. 이를 이야기할 때 그의 표정은 눈에 띄게 부드러워진다.

1. "그래요. 그 말은 맞아요. 나는 그녀와 어른다운 대화를 해야 해요. 정말로 같은 눈높이에서 말이에요."

내가 생각하는 내가 진짜 나일까?

2. "그래요. 나는 그녀에게 소리를 지르는 대신에 그녀와 이야기를 해야 해요."

3. "그래요. 나는 그녀를 이해하기 위해 그녀와 이야기를 해야 해요."

방향을 자기 쪽으로 전환해보는 것도 중요하다. 칼은 이런 의미에서 "나는 나와 이야기해야 한다."는 문장을 발견한다.

1. "맞아요. 이제 좀 흥분을 가라앉히고 상식을 되찾기 위해 스스로와 대화를 좀 해야 해요."

2. "맞아요. 난 머릿속에서 마리온과 토론하지 말고 나 스스로와 대화를 해야 해요."

3. "맞아요. 이제 내가 어떻게 계속해나갈 것인지 알기 위해 나와 이야기를 좀 해야 해요."

자신의 확신과 믿음의 문장이 과연 진짜인지 캐물으면 더 진실한 시선으로 현실을 바라볼 수 있다. 그러면 평정심, 공감, 맑은 느낌이 찾아온다. 상담 뒤 칼도 그랬다. 그는 자신이 마리온을 얼마나 괴롭게 하고 있었는지 깨달을 수 있었다. 아울러 그는 자신의 고통도 보았고, 더 이상 차가운 오만으로 위장하지 않았다.

오만의 방에 있는 자신을 관찰하고 자신이 판단하고 동일시했던 생각들과 거리를 갖기 시작하면 우리는 이렇듯 자만한 상태가 무엇보다 자신에게 피해를 주고 있음을 깨닫게 된다. 늘 화가 나고 참지 못하는 것도 다 그런 상태에서 비롯되기 때문이다. 그렇기에 외롭고 다른 사람들과 연대감을 느끼지 못한다. 오만의 방에 있는 것이 어떤 느낌인지를 자각한다면, 당신은 더 이상 그 방을 피난처로 삼지 않고, 얼른 떠나려 할 것이다. 이 부분에서 마음 챙김의 4단계와 바이런 케이티의 The Work가 확실한 도움을 줄 것이다.

실제적인 연습

관찰하고 알아채기

스스로가 옳다고 확신하는 상태에서는 오만의 방에 계속 사로잡혀 있을 위험이 높다. 이런 경우는 "내가 지금 신경 쓰는 것이 누구 소관인가?"를 물으라. 이 질문이 오만의 방을 떠나는 데 도움이 될 것이다.

규칙적으로 The Work를 연습하라

거만함, 불안, 화, 결핍을 느끼는가? 이런 것들은 생각과 판단에서 온다. 이런 관점을 의문시하며 칼의 사례에서 보여줬던 대로 생각을 뒤집어보라.

내가 생각하는 내가 진짜 나일까?

피드백을 부탁하라

스스로 자꾸 오만의 방에 들어간다는 걸 의식하게 된다면, 믿음직스런 사람들에게 혹여 자신이 또 그 방에 들어간 것 같으면 피드백을 해달라고 부탁하라. 나도 주변에 그런 부탁을 해서 많은 도움을 받곤 했다. 플럼 빌리지에서는 1년에 한 번 피드백 듣는 시간을 가졌다. 그 시간을 각자의 수행을 조명한다고 하여 '빛 비추는 시간(Shining Light)'이라 불렀다. 긍정적인 피드백이 주어진 다음, 좀 더 노력해야 할 것들 한두 개가 제안되는 형식이었다. 첫 피드백 시간에 나는 내가 뒷담화를 하는 당사자가 그 자리에 있다고 상상해보라는 제안을 받았다. 교만한 시선으로 아론에 대해 불평하는 모습이 다른 사람들의 눈에도 거슬렸던 것이다.

오만의 방 들여다보기

상태

오만의 방에 있는 사람은 불손하고, 자기중심적이며, 독선적이고, 과시적으로 행동한다. 자신이 다른 사람보다 낫다고 생각하며, 허영심이 강하다. 오만의 방은 통제의 방 옆에 있다.

믿음의 문장들

- 내가 더 나아./더 잘 해./더 잘 알아.
- 나처럼 잘하는/잘 아는 사람은 없어.
- 내가 옳아.
- 나는 그래도 돼.
- 이건 내 소관이야.
- 이건 내 권한이야.
- 쟤네들은 대체 할 수 있는 게 뭐야?/아는 게 뭐야?
- 넌 몰라.
- 넌 틀려.
- 네 잘못이야.
- 나만 할 수 있어./나만 알아.
- 내가 없으면 안 돼.
- 모든 걸 내가 해야 해.
- 내 말을 들어!/날 쳐다봐!

감정

- 허영심이 강하고 거만하고 우쭐대는 마음, 자부심이 강하고 스스로 높아진 마음
- 예민한, 신경질적인, 공격적인, 차가운, 초조한, 화나는, 분리된, 외로운
- 열등감과 결핍에 대한 두려움

행동 패턴

- 늘 자기 자랑을 하며, 다른 사람들을 위에서 내려다본다. '내가 아무개보다 낫다'는 느낌으로 산다.
- 사사건건 지지 않으려 하고, 자신이 옳다는 걸 보여주려고 한다. 그래서 어깃장을 놓거나 화를 내고, 다른 사람들을 무시한다.
- 시니컬하고, 신랄하고, 빈정대고, 비난하고, 남 탓을 하고, 사람들을 깎아내리고, 아는 척하며 판단한다. 욕하고, 싸우고, 소리를 높이고, 상대를 비난한다.
- 자기중심적이고 가차 없는 태도로 다른 사람들을 몰아간다.
- 상처 주고 파괴하는 태도를 보일 수 있다.

출구

- 관찰하고 알아채기: 오만의 방에 있으면 나 자신도 괴롭다.
- 질문하기: 내가 지금 신경 쓰는 일은 누구의 소관일까?
- The Work를 실행한다.
- 주변에 피드백을 해달라고 부탁한다.

다섯 번째 방

죄
책
감
의

방

당신은 잘못이 없다.
책임이 있을 따름이다.

_게오르크 롤로스

이 방의 근처까지만 와도 이미 짓누르는 분위기가 느껴진다. 그 어떤 방도 죄책감의 방에 있는 것만큼 고통스럽지 않다. 이 방에 들어오자마자 곧장 목에 무거운 추를 매달고 있게 된다. 생각이 늘 같은 자리를 맴돈다.

"내 책임이야. 내가 잘못했어. 다르게 했더라면 얼마나 좋았을까. 내 실수였어. 만회해야 해."

나는 늘 내가 잘못하고 있다고 믿어요. 전화벨이 울리면 내가 뭔가 잘못한 게 있나 돌아보죠. 최근에 옆집 아줌마가 뇌졸중으로 쓰러졌을 때, 순간 '나 때문인가?'라는 생각이 들었어요. 내가 집을 리모델링한다고 너무 시끄럽게 해서 말이에요.(밀레나, 40대 중반)

죄책감의 방에 어떻게 빠져들까

이 방에서는 죄책감, 수치심, 양심의 가책을 경험한다. 열등감의 방에 좋아서 들어가는 것이 아니듯, 죄책감의 방도 여간해서는 피하고 싶은 방이다. 그리하여 우선 통제의 방에 들어가서 죄책감의 방에 이르지 않도록 모든 걸 제대로 하고자 한다. 하지만 내면의 비판자가 당신이 그를 따라 죄책감의 방에 들어갈 때까지 말을 멈추지 않는다.

죄책감의 방에서 주의는 과거로 향해 그곳에 얽매인다. 내면의 비판자는 당신의 잘못을 죽 열거하고, 잘못을 만회하기 위해 당신은 늘 뭔가를 하거나 용서 혹은 양해를 구한다. 자신의 짐을 벗고 싶어서 다른 사람의 마음에 드는 행동을 하고 다른 사람들의 심중을 헤아려 그들의 기대를 채우고자 한다. 이렇게 살다 보니 굉장히 힘들다. 죄책감의 방에서는 편안하지가 않다. 이런 상태에서 당신은 눈에 띄지 않으려고 그냥 물러나 있거나, 또 다른 잘못을 저지르지 않기 위해 극도의 행동주의를 지향한다. 하지만 결국 이런 행동은 죄책감의 방에 머무르는 시간을 연장시킬 뿐이다.

일단 죄책감의 방에 들어가면 당신은 거의 인질이 된다. 여기서 당신이 지불하는 보석금은 양심의 가책이며 당신이 애타게 기다리는 말은 "용서할게."라는 것이다. 그 말을 들으면 당신은 풀려난다. 하지만 그 말을 듣지 않는 한, 당신은 이곳에 앉아서 죄 값을 치러야 한다. 당신은 외부로부터 그 말을 듣기를 바란다. 하지만 그 말을 듣는다 해도, 그것이 반드시 자유를 의미하는 것은 아니다. 당신이 그 말을 믿어야 하기 때문이다. 그리고 바로 여기에 문제가 있다. 내면의 비판자의 말과 당신을 동일시하는 한, 당신은 그에게 늘 충분히 죄 값을 치렀는지 물어볼 것이기 때문이다. 하지만 내면의 비판자는 당신을 석방시킬 생각이 없다. 그리하여 끊임없이 모자라다고 주장할 것이다. 죄책감의 방은 통제와 열등감의 방에 이어 내면의 비판자가 편안하게 느끼는 방이다. 그는 이 방을 '고향'이라 부를지도 모른다.

내면의 비판자는 음악가인 베로니카에게 늘 말을 걸었다. 어느 때는 베로니카가 아직 아무것도 하지 않았는데도 잘못했다고 말한다.

죄책감은 나의 생을 지배하는 기본 감정이었어요. 가령 연주를 하다가 제때에 들어가지 못하거나, 오케스트라와 노래가 따로 놀면, 나는 곧장 내가 잘못한 것 같다고 말했죠. 그러다 보니 예전에 지휘자가 이렇게 말한 적도 있어요. "여러분 모두 똑같은 실수를 저지르는데, 늘 베로니카가 맨 처음으로 자기가 틀렸다고 신고하는군요." 우리는 종종 선물 교환을 하는데, 한때 내 책상엔 죄책감과 관련된 자기계발서가 여러 권 쌓여 있었어요. 동료들이 장난 삼아 내게 그런 책들을 선물했거든요.

마틴의 내면의 비판자도 곧장 튕겨 올라 "네가 잘못한 거야!" 라고 외친다. 누가 그에게 무슨 비난을 하기도 전에 말이다.

맡은 일이나 주변 사람들의 바람에 부응하지 못하고 있음을 확인하게 될 때마다 스트레스를 받아요. 오늘 아침 동료가 전화를 하더니 이러는 거예요. "어제저녁에 메일 하나 보냈는데 읽었어? 읽고 결정 좀 해주라고." 그 말을 듣자마자 곧장 신체 반응이 왔어요. 식은땀이 났고, 주눅 든 사람처럼 가만히 있었죠. '어라, 내가 뭔가 처리할 일을 안 하고 넘어갔나? 내가 뭔가를 빼먹은 것일까? 왜 그걸 간과했을까?'라는 생각이 들었고, 곧장 자책감이 느껴졌어요. 동료가 비난한 것도 아니고 그저 묻기만 했을 뿐인데, 내게는 비난처럼 들렸죠. 아내가 무슨 말을 해도 그래요. 아내가 "이런저런 거 했어?" 라고 물으면 나는 그냥 자연스럽게 "아니, 곧 할게."라고 대답하지 않고, 곧장 죄책감을 느끼고 변명을 하게 돼요.

죄책감의 방에서는 자신이 옳다고 생각하는 것이 아니라 자신에게 기대되는 것을 한다. 모든 것에 책임감을 느끼며, 종종 주변 사람들이 드러내놓고 말을 하지도 않았는데, 그들이 무엇을 원할까 지레 짐작해서 행동한다. 그러다 보면 상대가 원하

내가 생각하는 내가 진짜 나일까?

지도 않는 일을 할 수 있다. '알아서 기는' 차원에서다. 진정으로 원해서가 아니라 두려움으로 인한 결정들을 내리게 된다. 그러면서 당신의 자기 부인이 당신 자신에게뿐 아니라, 다른 사람에게도 괴로움을 유발할 수 있음을 알아채지 못한다.

부부 관계의 어려움으로 나를 찾아왔던 동성 부부 되르테와 아나스타샤가 떠오른다. 되르테는 스킨십 부족과 성생활에 대한 불만족을 토로하고, 아나스타샤는 그냥 멍하니 들으며 별말을 하지 않았다. 이 부부는 15년 전부터 한 집에 살며, 각자 인공수정을 통해 아들을 한 명씩 낳아 두 자녀를 키우고 있다.

우리는 배치Aufstellung 연습을 한다. 호흡치료사인 게르디 슐테Gerdi Schulte는 이 연습을 해보면 관계가 현재 어떤 상태에 있는지 빠르게 알아챌 수 있다고 말한다. 배치 연습에서 파트너 한 사람은 자신의 자리에 앉아 있고, 다른 한 사람은 일어서서 방 안 원하는 곳에 자리 잡는데, 그가 어느 곳에 자리 잡는지를 보면 현재 관계의 친밀도를 알 수 있다. 파트너와 친밀하게 느끼면 파트너 옆에 바짝 붙어 앉을 것이다. 하지만 거리감을 느끼면 멀찌감치 떨어져서 설 것이다.

나는 아나스타샤가 자신의 의자에 앉아 있는 동안 되르테더러 일어나서 자리를 잡으라고 부탁했다. 그러자 되르테는 망설임 없이 아나스타샤 앞에 무릎을 꿇었다. 마치 구걸이라도 하듯 간절해 보였다. 되르테는 결핍의 방에 있는 것이 틀림없었다.

나는 되르테에게 자신의 자리로 돌아가라고 부탁했다. 이제 되르테는 앉아 있고 아나스타샤가 일어나서 자기 자리를 찾아야 했다. 아나스타샤는 한참 고심하며 천천히 방 안을 왔다 갔다 하더니 결국 문 근처에 서서 이렇게 말했다. "사실 난 방 밖으로 나가고 싶어요." 되르테는 거의 쇼크를 받은 모습으로 울음을 터뜨렸다. 내가 아나스타샤에게 결혼 관계를 지속하고 싶은지 묻자, 그녀는 꽤 오래 망설이더니 "아뇨, 오래전부터 더 이상 그러고 싶지 않았어요."라고 심각하게 대답했다. 아나스타샤는 죄책감으로 말미암아 관계를 유지해온 것으로 드러났다. 이혼을 하면 가족들이 원망할까 봐 두려웠던 것이다.

부부 관계에서 이렇듯 결핍과 죄책감이 결합되어 있는 경우가 드물지 않다. 한쪽이 늘 많은 것을 요구하고, 불평을 하며, 다른 쪽은 죄책감으로 인해 상대의 필요를 채워주기 위해 노력한다. 그것이 그리 유쾌한 일이 아닐지라도 말이다. 죄책감과 결핍의 관계는 열쇠와 자물쇠 같다. 한 사람은 계속해서 불평을 하고, 한 사람은 계속해서 책임감을 느끼고, 힘쓰고 애쓴다. 부모와 자녀 사이에서도 이런 배치가 종종 나타난다. 헬레네는 이런 역학을 일찌감치 훈련했다.

엄마는 늘 기대하는 게 너무 많았어요. 채워지지 않으면 의기소침해서 며칠간 아무와도 말을 하지 않았죠. 나는 그러면 이렇게 자문했어요. "내가 뭘 잘못했나?"

요즘에도 누군가 나에게 "너 때문에 잠을 잘 수가 없었어." 또는 "당신이 늦게 와서 저녁 스케줄을 망쳐놓았어."라고 하면 나는 곧장 그 말을 수용해요. 아무런 반박도 하지 못하고 몸이 굳어지고 배가 싸해져요.

특히 한 친구가 내 죄책감을 강하게 불러일으켰어요. 내가 연락도 뜸하게 하고, 여행 가서 엽서를 보내지도 않고, 자기 아이 생일도 까먹었다며 친구에게 어쩜 그리 무관심하냐고 비난했지요. 그런 말을 들을라치면 마구 죄책감이 밀려와 이렇게 생각했어요. '아, 이제부터는 잘해야지. 그럼 마음이 이렇게 안 좋지는 않을 거야. 엽서도 쓰고, 전화도 자주 해야지.' 그렇게 나는 익숙하지 않고, 내키지 않는 일들을 하곤 했어요. 그런데 더 나쁜 건 이제 내가 그녀에 대해 나쁜 말을 하고 다닌다는 거예요. 가령 나는 때로 한숨을 쉬면서 남편에게 이렇게 탄식해요. "에휴, 슬슬 또 연락을 해봐야 되겠네."

죄책감의 방에서 빠져나오기

에고의 집에 있는 대부분의 방에서 사람들은 외부 현실을 인정하지 않고 세상이, 혹은 특정인들이 달라지길 바란다. 책이 공중을 날았으면 한다. 반면 죄책감의 방에서는 내면의 현실을 받아들이지 않는다.

"다르게 행동했어야 하는데…."

"다르게 느꼈어야 하는데…."

이 말들을 유심히 보면, 과대망상임을 확인할 수 있을 것이다. 이번에는 책이 붕 뜨기를 원하는 게 아니라 스스로 날기를 원하는 형국이기 때문이다. 진실은 이것이다. 당신은 날 수 없다. 당신이 그렇게 행동하고 그렇게 느낀 것은 그 순간 다 그럴 만한 이유가 있었기 때문이다. 지금은 또 다르게 행동할지도 모른다. 하지만 그 순간에는 그것이 당신의 진실이었다. 당시의 관점으로는 다르게 하거나 다르게 말할 수 없었다. 당신은 당신의 생각을 믿었고, 그리하여 그렇게 행동할 수밖에 없었다.

당신은 잘못이 없다. 책임이 있을 따름이다.

스스로를 용서하고 있는 그대로의 현실을 받아들일 수 있을까? 현실을 받아들이고 스스로를 용서한다고 하여 자신의 행동을 책임지지 않는다는 뜻은 아니다. 반대다. 있는 그대로를 정말로 *받아들일 때* 자연스럽게 행동을 책임지게 된다. 많은 사람들이 죄책감을 느끼는 것과 책임을 지는 것을 잘 구분하지 못한다. 이 두 가지가 동일한 것이라고 생각한다. 몇몇 예를 통해 이 둘을 명확히 구분해보자.

당신이 외도를 했다고 하자. 그 뒤 스스로 그 사실을 남편에게 고백했거나, 아니면 남편이 다른 경로를 통해 그것을 알았다고 하자. 그러는 동안 당신은 자신의 행위를 후회하며 죄책감을 느끼고 있다. 하지만 외도를 하던 순간에는 그렇게 할 수밖에 없었던 이유들이 있었다. 당신은 (그 순간에) 그렇게 해야 한다고 말하는 당신의 생각을 믿었다. 이런 의미에서 당신은 뒤늦게 잘잘못을 따질 수 없으며, 스스로를 용서할 수도 있다! 물론 그럼에도 행위를 책임지고 결과를 짊어져야 한다. 이제 남편이 이혼을 요구하거나, 남편 쪽에서도 외도를 하려 하는 경우 당신은 그에 대처해야 한다. 스스로에게 죄를 묻지는 말되 자신의 행동은 책임져야 한다.

바이런 케이티는 한 강연에서 아내를 죽이고 감옥에 갇힌 남자를 상담했던 일을 들려주었다. 케이티가 그에게 물었다.

"아내를 살해하기 직전 무슨 생각을 했죠?"

그러자 남자는 대답했다.

"아내가 나를 사랑하지 않는다는 거요!"

그는 분명 결핍과 오만이 섞인 방에 갇혀 있었다. "나는 네 사랑이 필요해! 어떻게 그 사랑을 내게 주지 않을 수가 있어?"라는 게 그가 가진 생각이었다. 케이티는 The Work의 네 가지 질문으로 "그녀는 나를 사랑하지 않았다."라는 문장을 점검했다. 그는 계속해서 아내가 자신을 사랑하지 않았다는 확신을 고수

했고, 그 생각으로 말미암아 계속 분노하고 슬퍼했다.

그런 다음 그 남자는 생각을 뒤집어야 했다. 이제 "내 아내는 나를 사랑했다."라는 문장이 탄생했다. 바이런 케이티는 그에게 그렇게 말할 수 있는 이유를 찾아보라고 했고, 남자는 곰곰이 생각한 끝에 이 반대 문장이 진짜일 수 있으며, 자신이 아내를 오해했을지도 모른다는 가능성 쪽에 무게를 두기 시작했다. 그러므로 그가 죄책감에 시달려야 할까? 그렇지는 않다. 행위 시점에서는 그가 자신의 생각과 거리를 둘 수 없었기 때문이다. 물론 그럼에도 그는 감옥살이를 해야 했다. 자신의 행동을 책임져야 했기 때문이다.

앞서 소개한 헬레네는 앞으로 친구에게 더 잘해줘야 한다고 생각하며 죄책감을 느낀다. 그러나 정직한 속마음은 '그 친구랑 자주 만나는 건 부담된다'는 것이다. 헬레네는 자신의 마음에 책임을 지고 있지 않다. "친구야, 너랑 평생 친구로 지내고 싶어. 하지만 지금 네게 많은 시간과 관심을 들일 여력은 없어. 그러고 싶지 않아."라고 정직하게 말하는 것만이 자신의 마음에 책임을 지는 것이다. 물론 그런 말을 들으면 친구는 실망할 것이다. 하지만 실망하는 것은 미몽에서 깨어나고 착각에서 자유로워지는 것이다. 헬레네는 이런 방식으로 스스로에게 정직할 수 있고, 친구에게 있는 그대로의 현실을 보게끔 해줄 수 있다.

"나 헬레네는 현재로서는 자주 연락하고 싶지 않다."

내가 생각하는 내가 진짜 나일까?

진짜 헬레네에게 오신 것을 환영합니다! 그러면 친구는 이제 자기편에서 다시금 옳다고 여기는 대로 행동할 가능성을 갖게 된다. 그리하여 앞으로는 헬레네가 시간을 내주기만 기다리지 않고, 더 많은 친구들과 어울릴 수도 있다.

정직하고 진솔하고 예의 바르게 행동했다면 죄책감을 느낄 이유가 없다. 죄책감은 마음이 약해서 선뜻 본심을 말하지 못하고, 옳게 여겨지는 대로 행동하지 못한 데서 탄생한다.

이쯤 되면 사람들은 이렇게 묻는다. "무턱대고 자신에게 좋게 여겨지는 대로, 하고 싶은 대로 말하고 행동한다면 그건 이기적인 것이 아닐까요?" 그렇다면 이렇게 반문해보자. 진실을 말함으로써 상대를 투명하게 대하는 것과 좋은 인상을 주려고 거짓말을 하는 것, 이 둘 중에 뭐가 더 이기적인 것일까? 있는 그대로의 모습으로 존중받기를 원하는가, 아니면 당신이 만든 이미지가 존경받기를 원하는가?

자기중심적으로 자신이 원하는 것만 하라는 의미가 아니다. 솔직하면서도 상대에게 맞춰줄 수 있다. 누군가가 함께 영화를 보러 가자고 제안했다고 하자. 하지만 영화 제목을 보니 당신이 보고 싶은 영화는 아니다. 이럴 때 상대가 꼭 당신과 함께 영화관에 가고 싶어 한다는 것이 느껴지면 이렇게 말하는 것도 가능하다.

"원래는 별로 보고 싶지 않은 영화인데, 오늘은 너랑 함께 시간을 보내고 싶기 때문에 같이 가주는 거야."

이로써 당신은 투명하게 자신의 감정과 행동을 책임질 수 있으며, 죄책감을 느끼지 않고도 사랑의 관계를 가꿔나갈 수 있다.

우리 인간들은 두 가지 이유에서 죄책감에 시달린다. 첫째, 행위를 되갚아주려 하기 때문이다. (결핍, 오만, 저항의 방에 오신 걸 환영합니다!) 둘째, (중세적 사고로) 죄책감과 수치심을 느끼며 참회를 해야 더 나아져서 사회로 복귀할 수 있다고 믿기 때문이다. 하지만 정확히 반대다. 죄책감의 방에 오래 갇혀 있을수록, 사회와 멀어지고 우울증에 빠지거나 신체적으로 병들 확률이 높아진다. 죄책감의 방에 있는 사람은 약물을 소비하는 경우도 늘어난다. 달리 죄책감을 어떻게 처리해야 할지 알지 못하기 때문이다. 또한 저항의 방으로 옮겨갈 수도 있다. 그러면 "이제는 정말로 하고야 말 테다."라는 태도로 반응을 하고, 의도적으로 자신의 행동을 반복한다. 죄책감은 더 좋은 사람으로 만들어주지 못한다. 자기 미움과 저항의 악순환에 묶어둘 뿐이다.

자기 용서

따지고 보면 진짜로 잘못한 일은 없다. 잘못했다고 하는 것은 이성이 불어넣는 가정이다. 죄는 머릿속 상상으로만 존재할 뿐이다. 누군가를 잘못이 있다고 볼지 말지는 보는 사람마다 다르다. 어디까지는 잘못이고, 어디부터는 아닌지 확실한 기준을 발견하기 힘들다. 제아무리 살인자라고 해도 당연히 잘못을 범했다고는 할 수 없다. 그렇게 싸잡아 말하면 제3제국 때의 저항운동가나 암살자들도 잘못을 범한 사람들로 치부되기 때문이다.

어떤 사회의 대다수 구성원이 특정 사실을 '죄'라고 볼지라도 상황에 대한 집단적인 입장은 몇 년 되지 않는 사이에 완전히 변할 수 있다. 독일 사회에서 동성애가 처벌 대상이었던 때가 그리 오래되지 않았다. 법만 바뀐 것이 아니다. 연방정부는 이런 법에 희생당한 많은 사람들에게 추가로 사과를 했다. 국가가 '죄'를 범한 것이 되었고, 당시의 범법자들은 피해자가 되었다. 관점이 180도 바뀐 것이다.

누군가에게 고통을 가하는 사람은 혼란스런 가운데 과거의 경험을 지금 여기로 치환하는 것이다. 다른 경험을 했다면 오늘날에도 다르게 생각했을 것이고 다르게 행동할 것이다. 석가모니는 모든 것이 상호 의존적이라고 가르친다.

"이것이 있는 건 저것이 있기 때문이고. 이것이 없는 건 저것이 없기 때문이다."

따라서 과거의 경험은 오늘날의 관점과 많은 관계가 있다. 이것은 죄책감을 느끼는 모든 사람이 마찬가지다.

1970년대 베트남전쟁 동안에 150만 명 이상이 보잘것없는 어선을 타고 피난길에 올랐다. 이들 중 거의 25만 명이 남중국해에서 숨지고 말았다. 낡은 배에 빼곡히 타고 가다 익사하기도 했고, 해적의 습격을 받기도 했으며, 질병이나 영양실조로 죽기도 했다. 틱낫한은 이들 피난민들을 구조하고 지원하기 위해 애썼다. 그의 시 〈내 진짜 이름을 불러주오〉의 서문에서 그는 이렇게 말했다.

"어느 날 우리는 편지를 받았어요. 그 편지에는 작은 배를 타고 가다가 태국 해적에게 겁탈을 당한 소녀의 이야기가 쓰여 있었죠. 그 아이는 불과 열두 살이었고, 바다에 뛰어들어 목숨을 끊었어요. 이런 이야기를 들으면 처음에는 태국 해적에게 화가 나요. 소녀 편에 서게 되지요. 좀 더 깊이 들여다보면 다르게 보여요. 소녀 편을 들면 간단해요. 총을 들고 해적을 쏘기만 하면 되지요. 하지만 우리는 그렇게 할 수 없어요. 나는 명상 가운데 내가 해적 마을에 태어나 자랐다면 나 또한 해적이 되었을 거라는 걸 알았어요. 그래요. 십중팔구 해적이 되었을 거예요."[8]

딸아이가 때로 히스테리를 부리면 나는 내 잘못이라고 생각해요. 일하느라 바빠서 제대로 딸아이에게 시간을 내주지 못했거든요. 나 스스로 딸아이에게 좋은 모범을 보여주지도 못했고요. 화를 불뚝불뚝 내는 아빠였지요. 여전히 때때로 화를 내고요.

드미트리의 이런 모습은 죄책감의 방에서 볼 수 있는 전형적

내가 생각하는 내가 진짜 나일까?

인 모습이다. 그들은 특정 방식으로 행동했고, 이제 그것을 후회한다. 내면의 비판자가 그들을 죄책감으로 인도한다. 이 감옥에서 벗어나려면 스스로를 용서하는 것을 배워야 한다. 용서가 외부에서 오기를 기다리지 말자. 외부에서 용서가 오지 않는 한, 비판자가 계속 당신에게 잔소리를 해대고 괴롭힐 것이다.

> 모순은 용서할 과실이 없다는 것이다.
> 자신을 용서하기를 배우라.

하지만 잘못이 없다면서 어떻게 용서를 하라는 말일까? 아무것도 용서할 게 없는데 스스로를 용서하는 걸 배우라니 모순이 아닐까? 그것은 내면의 비판자 때문에 하는 말이다. 내면의 비판자의 고발로 스스로 잘못이 있다고 믿는다면, 스스로를 용서하는 것이 죄책감의 방에서 나오는 유일한 길이다. 그러다 어느 순간 잘못했다는 생각이 상상일 뿐임을 깨달으면 더 이상 자기 용서가 필요하지 않을 것이다.

자기를 용서하려면 현실을 있는 그대로 받아들여야 한다. 당시 그 순간에는 다르게 행동할 수 없었음을 인정하면 죄책감에서 하차할 수 있다. 실제로 그 순간 당신은 특정 시각에 매몰되어 있어서 선택지가 그것 하나밖에 없었기 때문이다. 드미트리는 딸과 시간을 보내는 것보다 가장으로서 열심히 일해서 생활비를 버는 일이 더 중요하다고 생각했다. 오늘날 그는 그런 생각으로 인해 소중한 시간들을 놓쳤음을 안다. 하지만 당시에는 그걸 몰랐다. 알았더라면 다르게 행동했을 것이다. 그러므로 그는 스스로를 용서할 수 있다.

자신을 용서하면서 당신은 잘못을 하던 순간의 자신과 평화를 맺는다. 그 순간에서 5분이 흐른 뒤에는 더 똑똑하고, 더 지혜로워졌을지도 모른다. 그러나 그 순간에는 그저 그것이 당신이 보여줄 수 있는 모습이었다. 그것이 당신의 현실이었다.

여기서 당신은 이성이 만들어내는 생각 및 시각과 거리를 두는 훈련을 해야 한다. 훈련이 되면 더 이상 에고의 방에 갇히는 일이 없어진다. 거리를 확보할수록, 동일시를 덜할수록 더 자유로워진다.

자, 이제 죄책감의 방과 관련하여 마지막으로 한 가지 측면을 짚고 넘어가고자 한다. 죄책감의 방에 있다 보면 때로 세상에는 고통당하는 사람들이 많은데 내가 행복을 누리는 건 죄가 아닌가 하는 생각을 하게 된다. 지구상에서 기아에 시달리는 아이들에게 죄책감이 들고, 주변에서 힘들어하는 사람들에 대한 양심의 가책이 드는 것이다.

하지만 타이는 우리가 행복하게 사는 것이야말로 우리 스스로가 세상에 줄 수 있는 가장 큰 선물이라고 말했다. 당신은 사랑하는 사람들이 행복하게 살기를 바랄 것이다. 거꾸로 당신을

내가 생각하는 내가 진짜 나일까?

사랑하는 사람들 역시 당신이 행복하게 살기를 바란다. 주변의 힘든 사람들을 배려하고 돌보기는 해야겠지만, 그들과 더불어 함께 불행해질 필요는 없다. 그들은 오히려 당신이 행복하게 살기를 바란다. 주변 세계가 더 평화로워지도록 뒷받침하는 것은 당신의 죄책감이 아니라 당신의 행복, 공감, 사랑이다.

실제적인 연습

스스로를 용서하라

이것은 마음 챙김 수행의 3단계에 해당된다. 있는 그대로를 받아들이라는 말이다. 죄책감의 방에 들어가면 빠르게 그것을 알아채도록 훈련하라. 그러면 차츰 죄책감을 불러일으키는 생각과 거리를 취할 수 있다. 어떤 행동으로 인해 죄책감이 든다면, 당시 그 행동을 했던 순간에는 달리 어쩔 수가 없었음을 자각하라. 스스로에게 이렇게 말하라. "나는 스스로를 용서한다. 나는 그 순간에 더 잘할 수 없었다."

관찰하고 알아채기

잘못은 없다. 그것이 잘못이라는 생각은 이론 혹은 환상에 불과하다. 물론 그럼에도 책임은 져야 한다. 죄책감에 시달리지 않으면서 행동을 책임질 수 있겠는가?

죄책감의 방 들여다보기

상태

죄책감의 방에서는 과거와 관련한 양심의 가책이 지배한다. 이런 가책이 다시 만회하여 미래에 더 많은 죄책감을 느끼지 않으려는 노력과 맞물린다.

믿음의 문장들

- 내 책임이야.
- 내가 실수했어.
- 내 잘못이었어.
- 다르게 할 수 있었는데./잘할 수 있었는데.
- 더 이상 죄책감을 느끼지 않게 노력해야 해.
- 만회할 수 있게 잘해야 해.

감정

- 죄책감, 수치심, 양심의 가책, 후회
- 외롭고, 우울하고, 분노가 안으로 향한다.

행동 패턴

- 내면의 비판자가 강하게 활동한다.
- 다른 사람들을 위해 책임을 떠맡고, 모든 것을 다시 만회하고자 노력한다.

내가 생각하는 내가 진짜 나일까?

- 행동주의, 애씀
- 스스로를 낮추고, 다시 잘못하지 않으려고 노력한다.
- 하고 싶은 행동보다 다른 사람들이 기대하는 행동을 한다.

출구

- 내면의 비판자 및 죄책감을 불러일으키는 생각과 거리를 취한다.
- 현실을 그대로 받아들인다. "그 순간에는 그렇게 할 수밖에 없었어."라고 여긴다.
- 스스로를 용서한다.
- 잘못한 건 아니니 죄책감을 가질 필요는 없다. 하지만 행동(비행동)에 대해서는 책임을 져야 한다.

부정의 방

당신은 먼저
스스로 뭔가를 부정하고 있음을
시인해야 한다.

_게오르크 롤로스

에고의 집에는 연기를 하는 방도 있다. 이 방은 무대 세트와 소도구로 가득 차 있다. 멀리서 보면 진짜처럼 보인다. 하지만 가까이 다가가면 그리고, 꾸미고, 종이를 이용해 거짓으로 만든 장치임을 알 수 있다.

마티나와 예르크는 베트남으로 휴가를 가서 내내 피 터지게 싸운다. 하지만 페이스북에는 매일 꿈의 휴가를 보내고 있는 듯한 사진들을 포스팅한다.

부정의 방에 어떻게 빠져들까

세상을 (또한 자기 자신을) 속이려 할 때 우리는 부정의 방에 들어간다. 여기서 당신은 거짓말하고, 조작하고, 비밀에 붙이거나 일을 대수롭지 않은 것으로 왜곡한다. 이 방의 전형적인 문장들은 다음과 같다. "그렇지 않아." "내가? 천만에!" "당신이 잘못 본 거야!" "그런 일 없었어." "그런 일이 한 번 있었는데, 다시는 그런 일이 없을 거야." "난 문제없어. 모든 게 좋아!"

부정의 방 역시 통제의 방 옆에 붙어 있다. 부정의 방으로 들어가는 이유는 다음과 같다.

- 죄책감의 방에 들어가지 않기 위해
- (누군가에게) 잘 보이기 위해
- 갈등을 피하기 위해
- 권력을 행사하기 위해

부정의 상태는 시간이 지날수록 굉장히 힘들어진다. 사람들과 자기 자신 앞에서 계속해서 좋은 이미지를 유지하고, 실제 모습이나 이야기가 발각되지 않기 위해 정신을 바짝 차리고 있어야 하기 때문이다.

내가 생각하는 내가 진짜 나일까?

죄책감과 수치심을 느낄까 두렵다

진실이 드러날 경우 죄책감을 느끼게 될 것이 두려워 상황을 부정할 수도 있다. 당신은 누군가 당신이 저지른 실수를 알기 원치 않는다. 때로는 별일도 아니지만 당신 입장에서는 드러나는 것이 싫어서 숨기고자 한 것이 다른 사람들을 놀라게 하기도 한다. 그렇게 수치심에서 부정의 방으로 도피할 때가 많다. 리안도 그렇다.

내가 직장에서 일을 깜박했을 때, 누군가 내게 그 일에 대해 물으면 나는 곧장 변명거리를 찾아요. 그냥 깜박했다고 말하는 대신, 핑계를 대고 부분적으로는 거짓말까지 하지요. 최근에도 어떤 서류를 보내야 하는데 깜박 잊은 적이 있어요. 그런데 한 동료가 내게 그거 보냈냐고 물었고, 나는 그렇다고 거짓말을 했어요. "깜박했네요. 지금 보낼게요."라고 해도 아무 일도 없을 텐데, 나는 동료 앞에서 실수를 인정하는 게 싫어 속으로 찔리면서도 실수하지 않은 척해요.

경찰, 변호사, 판사들은 부정의 방에 있는 사람들을 특히나 자주 대한다. 단순 절도든, 탈세든, 강도나 살인처럼 무거운 범죄든 간에, 범법자들은 자신들의 행위를 일단 한 번 부인하고 본다. 하지만 범죄의 영역으로 굳이 눈을 돌리지 않더라도 자신이 한 일을 부인하는 예는 흔히 있다. 죄책감을 느낄 것이 두려워 거짓말을 하거나 비밀에 붙이는 경우가 얼마나 흔한가.

가령 독실한 불교 신자인 프란치스카는 직장 동료랑 바람이 나서 남편을 속이는 처지가 된다. 동료와의 관계가 몇 달 지속되던 끝에 남편이 우연히 그 사실을 알게 되었는데, 처음에 프란치스카는 모든 일을 부인했다. 하지만 증거가 명백했다. 남편이 그녀의 메일을 열어보았는데, 상대 남성이 보낸 메일들에서 성적 암시들이 발견된 것이다. 그러자 프란치스카는 일회적으로 일탈했음을 고백하고 남편에게 다시는 그런 일이 없도록 하겠다고 약속했다. 하지만 남편은 그녀를 신뢰하지 않고 며칠 뒤 컴퓨터를 다시 뒤졌고 둘이 나눈 연애편지들을 발견했다. 마지막 메일은 불과 3시간 전에 교환한 것이었다. 이렇게 되자 프란치스카는 어쩔 수 없이 상황을 다시 인정했다. 하지만 그녀는 남편에게 이번에는 관계를 정말로 끝내겠다고, 이제는 상대 남성을 결코 개인적으로 만나지 않겠다고 약속했다. 하지만 남편은 얼마 뒤에 다시 두 사람이 계속 만나는 걸 알았고, 최종적으로 프란치스카와 결별했다.

프란치스카는 늘 어쩔 수 없이 인정해야 할 때만 마지못해 고백하고, 그 외에는 진실을 부인한다. 가족, 친구, 동료들이 자신을 간통녀로 낙인찍을까 봐 두려워서다. 그녀의 불교적 자아상에서 외도는 있을 수 없는 일이다. 하물며 남편을 떠나는 건 더더욱 상상할 수 없는 일이다.

내가 생각하는 내가 진짜 나일까?

부정의 방에 있는 사람은 무조건 기존의 자아상을 부여잡고자 한다. 애써 뒤집어쓴 마스크가 한번 벗겨지면 다른 사람들이 자신을 판단하고, 따돌리고, 더 이상 괜찮은 사람이라고 보아주지 않을까 봐 두렵다. 부정의 방에 단골로 들어가는 사람들은 바로 중독자들과 그들의 가족들이다. 약물 중독이든, 거식증이든, 섹스 중독이든, 게임 중독이든 자신의 중독을 고백하는 사람은 많지 않다. 도움이 없이는 보통 그렇게 하지 않는다. 소냐도 그랬다. 그녀는 자신의 친정엄마가 중독자임을 고백하기까지 상당히 오랜 세월이 필요했다.

친정엄마는 알코올중독자예요. 어린 시절 이것은 밖으로 드러나서는 안 되는 사실이었죠. 가족의 비밀 같은 것이었어요. 늘 그것이 외부로 알려질까 조마조마했죠. 나는 가족 시스템을 유지하기 위해 그것을 부인했어요. 이제 성인이 된 자녀들은 물론 남편까지도 나의 엄마가 알코올중독이라는 걸 알지 못해요.

또 한 사람의 예를 들고자 한다. 유명 배우이자 가수였던 일제 베르너의 이야기다. 그녀는 나치 시대 때 독일 우파UFA(2차 세계대전 이전 독일 최대의 영화사)의 스타 영화배우이자 성공한 가수였다. 그러다 1945년 독일이 폐허로 변하자 그녀의 커리어도 내리막길을 걸었다. 그녀의 나이 24세 때였다. 나치 선전 영

화에 출연한 이유로 그녀는 이후 2년간 직업을 갖는 것이 금지
되었고, 그 뒤에 찍은 영화들도 다 흥행에 실패했다. 뒤이은 몇
십 년간 그녀는 연극과 팝송 가수 활동을 하며 근근이 생계를
유지했고, 빈곤에 시달리다 뤼벡의 양로원에서 84세를 일기로
세상을 떠났다.

나는 1990년대 초 서독방송에서 아르바이트를 하던 중 일제
베르너를 개인적으로 만날 기회가 있었다. 당시 그녀는 이미 70
이 넘은 나이였고, 서독방송에 게스트로 출연했다. 녹화 다음
날 나는 그녀를 뒤셀도르프에서 바트 잘츠우플렌까지 차로 모
셔다 드리는 일을 맡았다. 함께 차를 타고 가면서 그녀는 굉장
히 친절했고 그간의 커리어를 묻는 내 질문들에 참을성 있게 답
변을 해주었다. 우리는 2시간 정도 즐거운 대화를 나누었다. 그
러다 어느 순간 내가 나치에 대한 질문을 하고 말았다.

"히틀러와 괴벨스 같은 나치 거물들과도 알고 지내셨잖아요!
그들은 대체 어떤 사람들이었어요?"

나는 비난하려는 것이 아니라 그저 궁금해서 물은 것뿐이었
다. 아돌프 히틀러와 개인적으로 알고 지냈던 사람을 언제 또
만날 수 있단 말인가?

하지만 그 질문을 하자마자 차 안 분위기는 급변했고 일제 베
르너는 얼음장같이 차가워졌다.

"그래요. 난 히틀러를 알아요. 오늘날 내가 헬무트 콜Helmut

Kohl과 악수해야 하는 것처럼 나는 그와 악수해야 했어요!"(콜은 당시 연방수상이었다.)

그녀가 더 이상 그 주제로 말을 하고 싶어 하지 않는 것이 확실했고, 나머지 여행 내내 우리 사이에는 어색한 침묵이 흘렀다. 전쟁이 끝난 지 50년도 더 지났는데 죄책감의 방에 대한 그녀의 두려움이 여전하다는 것을 가슴 아프게 깨달아야 했다.

부정하는 것은 그토록 사람을 부자유하게 만든다! 이런 기본 정서를 지닌 채 사는 것은 무척 힘들다. 늘 뭔가를 감추고, 미화시키고, 억압해야 하기 때문이다. 일제 베르너가 부정의 방에서 나왔더라면 이렇게 말할 수 있었을 것이다.

"나는 히틀러하고 악수를 할 필요가 없었어요. 선전 영화에 꼭 출연해야 하는 것도 아니었어요. 그것은 나의 선택이었어요. 나는 젊고 나이브naive했어요. 그래서 넓게 생각하지 못했고, 오직 직업적으로 성공하는 것에만 관심이 있었죠."

어쨌든 일제 베르너의 동료 배우였던 빌 크바드플리크는 그런 식으로 허심탄회하게 털어놓았다. 나치 때의 자신의 '무비판적인uncritical' 행동을 '비판적으로critical' 돌아볼 줄 알았다. 크바드플리크는 과거에 대해 투명한 태도로 일관했기에 전후 시대에도 다시금 배우로 성공적인 활동을 펼칠 수 있었고, 그의 고향인 오버하우젠 시는 그가 죽고 나서 그를 기려 광장 한 곳을 그의 이름으로 명명했다.

자기 가치를 높이기 위한 부정

열등감의 방으로 미끄러져 들어가지 않기 위해 온 힘을 다해 부정의 방에 붙어 있는 사람들도 많다. 그들의 굳은 믿음의 문장이 자칫 그들을 열등감의 방으로 인도하기 쉽기에 그들은 자기 가치를 높이기 위해 이야기를 지어낸다. 문학에서는 뮌히하우젠Münchhausen, 펠릭스 크룰Felix Krull, 하우프트만 폰 쾨페닉Hauptmann von Köpenick, 톰 리플리Tom Ripley 등이 꾸며낸 이야기를 통해 자존심을 세우려 하는 인물들이다.

당신 역시 가짜 정체성을 가지고 살아가는지도 모른다. 스스로 굉장히 학구적인 사람인 것처럼 행동하면서, 뒤로는 박사 논문을 돈 주고 사거나 대필하게 했을지도 모른다. 사실과 무관하게 어떤 일을 이루었거나 경험을 했다고 떠벌리고 다니는지도 모른다. 커다란 거짓말을 고안하는 건 아니라도 주변 사람들에게, 혹은 소셜 미디어에서 더 그럴듯하게 보이기 위해 습관적으로 소소한 디테일을 과장하거나 거짓으로 꾸며내고 있을지도 모른다.

실화를 소재로 한 우디 앨런의 영화 〈블루 재스민〉에서 케이트 블란쳇Cate Blanchett은 주인공 재스민을 연기한다. 재스민은 사업가 남편과 결혼하여 뉴욕 센트럴파크 옆의 펜트하우스와 햄프턴 해변가의 고급 저택을 오가며 상위 1퍼센트의 삶을 즐기던 여성이다. 하지만 영화 시작 장면에서 재스민의 남편이 세상을 떠난다. 사기죄로 FBI에 체포된 뒤 감옥에서 목을 매어 자살하고 만 것이다. 그의 전 재산과 부동산은 압류되고, 재스민은 이제 오갈 데 없는 신세가 되어 샤넬 옷과 루이비통 가방을 들고(이것이 그녀에게 남은 전 재산이다.), 샌프란시스코의 좁은 임대 아파트에 사는 자신의 의붓동생에게로 향한다. 재스민이 샌프란시스코에 도착했을 때 동생은 재스민이 더 이상 돈 한 푼 없는데도 퍼스트클래스를 타고 온 것에 경악한다.

그러나 이것은 '부정'의 드라마의 서막에 불과하다. 재스민은 어떻게 해서든 유복하고 고상한 귀부인의 이미지를 고수하고자 애쓴다. 영화가 진행되면서 그녀는 계속하여 거짓말에 깊이 얽혀 들어가고, 그 거짓말이 차츰차츰 발각된다. 영화는 재스민이 완전히 얼빠진 표정으로 공원 벤치에 앉아서 아무 말이나 중얼거리는 걸로 끝난다.

갈등을 회피하기 위한 부정

부정의 방에 들어가는 또 하나의 이유는 맞닥뜨린 현실을 신경 쓰지 않고 계속 고요를 누리고 싶기 때문이다. 이런 경우는 부정이 저항으로 활용된다. 누군가가 거리에서 쓰러지는 걸 보고도 아무 일 없는 듯이 행동할 수도 있으며, 아기가 크게 우는데도 그냥 다 귀찮아서 무시해버릴 수도 있다. 모든 게 짜증만 날 뿐이다.

행동을 변호할 이유들은 늘 있다. 부정은 당신이 방해받지 않고 일을 계속하기 위한 회피 전략이다. 이미 인용했던 리안 역시 자신의 일과가 방해받는 걸 원하지 않는다.

아내가 아프면 나는 아무 일도 없는 것처럼 행동해요. 그냥 무시해버리고, 그녀가 혼자 알아서 이겨내겠지 하지요. 그래서 나의 스케줄을 전혀 변경시키지 않아요. 기존의 일정에 작은 것이라도 추가되면 순식간에 부담스럽고 힘들어지기 때문이죠. 그녀가 하루하루 더 안 좋아져도 그냥 못 본 척 부정해버려요. 아프다고 탄식해도 무반응으로 일관하지요. 이런 상태를 놀랍게도 오래 유지할 수 있어요.

현실과 대면하고 부딪히는 게 두려워 갈등을 피한다면, 그 역시 부정의 방에 있는 것이다. 가령 레온은 오랫동안 친구 관계에서 별문제가 없는 것처럼 행동해왔다. 사실은 그렇지 않은데도 말이다.

신경이 거슬리는데도 오랜 기간 아무 말도 하지 않아요. 그러다가 어느 순간 폭발해버리지요. 그러면 상대는 내가 왜 그러는지 이해하지 못해요. 화가 나도 오랫동안 내색하지 않았으니까요. 별일 아니라고 생각했기 때문이죠. 하지만 어느 순간 한계점에 다다라

내가 생각하는 내가 진짜 나일까?

요. 한 친구가 내게 마음에 들지 않는 이야기를 하거나, 마음에 들지 않는 물건을 보여줄 때도 마찬가지예요. 나는 아무 말도 하지 않아요. "이거든, 저거든 다 별로야."라고 말하고 싶은데도 그런 말을 입에 담지 않아요.

극단적인 경우 부정을 정말 오랫동안 계속할 수도 있다. 파트너에 대해 오래전부터 화가 나는데도 사랑에 홀딱 빠져 있는 듯이 행동할 수도 있다. 부정의 방에 콕 처박혀 마찰을 회피하다가, 어느 순간 말없이 잠적해버리는 경우도 있다. 이렇듯 완벽하게 연락 두절을 해버리는 경우를 '고스팅Ghosting'이라 부른다. 이것은 (유령처럼) 파트너와 친구들의 삶에서 사라져버리고, 전화, 이메일, 그 밖의 어떤 것으로도 연락이 닿지 않는 상태다. 지금까지의 파트너와 친구를 그냥 지워버린다.

권력을 얻기 위한 부정

요즘처럼 다수의 사람들에게 자신의 의견을 개진할 수 있었던 시대는 없었다. 그런데 인터넷과 소셜 미디어를 통해 정보를 적절히 통제하여 영향력과 권력을 행사하고자 점점 더 많은 사람들, 기관들, 정부가 부정의 방에 들어가고 있다. 현실을 어떻게 해석할지를 두고 투쟁이 벌어지고 있으며, 다른 사람들의 지각에 영향을 행사하고자 거짓말과 조작도 마다하지 않게 되었다. 다른 사람들의 관점에 영향을 미칠 수 있게 되면 스스로 더 좋게 보일 수 있고, 자기 잘못을 타인에게 전가할 수도 있으며, 자신의 정치적, 경제적 이익을 더 쉽게 관철시킬 수 있기 때문이다.

2014년 소속이 표시되어 있지 않은 군복을 입은 남자들이 크림반도의 지역 의회를 점령했을 때, 세계적으로 각 정부들과 언론인들은 그들이 러시아군일 거라고 추측했다. 하지만 러시아 대통령 블라디미르 푸틴은 몇 달 동안 그 추측을 적극적으로 반박하며 러시아군은 누구도 크림반도에 발을 디딘 적이 없다고 주장했다. 하지만 1년 뒤 러시아가 크림반도를 완전히 합병하고 나자 푸틴은 텔레비전에서 당시의 그들이 러시아군이 맞다고 시인했다.[9]

미국의 대통령 도널드 트럼프 역시 정치적 이익을 위해 가차 없이 진실을 왜곡하는 정치인 중 한 사람이다. 팩트체킹Fact Checking이라는 데이터뱅크는 임기 592일 동안에 트럼프 대통령이 거짓 내지 호도하는 발언을 무려 4천 회 이상 했음을 확인했다.[10]

홀로코스트든, 아르메니아 대학살이든 학살과 관련한 각국의 부인은 정말 심하다. 중국은 1989년 천안문 광장에서 시위를 무차별 진압한 것에 대해 정보를 차단해왔다. '천상의 평화 광장'이라는 뜻을 가진 이 광장에서의 민중 봉기는 자국민들에

내가 생각하는 내가 진짜 나일까?

게 완전히 비밀에 붙여졌다.

부정의 방에서 빠져나오기

부정의 방을 떠나기 위해서는 시인하고 고백해야 한다. 허심탄회하게 인정해야 한다. 다른 방법으로는 빠져나올 수 없다. 쇼를 끝내야 한다. 이것은 익명의 알코올중독자들의 모임에서와 비슷하다. 알코올중독자 모임 참석자들은 그룹 앞에서 이야기를 할 때 늘 이런 말로 시작한다. "제 이름은 아무개입니다. 저는 알코올중독자입니다." 거짓말하고, 부인하고, 비밀에 붙이는 한 자신의 행동을 책임질 수 없다. 고백은 치료로 가는 첫걸음이다. 진실을 이야기하는 것은 처음에는 고통스러울 수 있다. 하지만 그것은 손에 박힌 파편을 제거하는 것과 마찬가지다. 이후에 훨씬 더 자유롭게 느낄 수 있으려면 일시적인 고통을 참아야 하는 것이다.

첫 단계로 당신은 자신 앞에서 스스로 뭔가를 부정하고 있음을 시인해야 한다. 자신이 뭔가를 부정하고 있음을 어떻게 알까? 감정을 관찰하면 된다. 감정이 지표가 되어준다. 특정 상황을 떠올리거나 자신이 한 일을 생각하면 답답하거나 불안하거나 화가 나는가? 그런 경우 뭔가를 인정해야 하는 건 아닌지 생각해보라. 이제 다음 단계로 당신은 스스로 마음을 열어야 한다. 그렇다고 곧장 온 세상에 그 일을 떠벌리고 다닐 필요는 없다. 일단은 신뢰할 수 있는 사람과 이야기를 해보라.

위에 언급한 예에서 레온은 친구에게 특정한 일들에 대해 자신이 어떻게 생각하는지 감히 이야기할 엄두를 내지 못했다. 하지만 자신이 친구에게 종종 화가 나는데 이를 부인해왔음을 깨닫기 시작하자(1단계), 그런 생각을 조금씩 밖으로 드러내기로 했다(2단계). 레온은 친구에게 우선 자신에게 거슬리는 점 하나만 이야기했고, 이를 통해 이런 이야기를 해도 나쁜 일이 일어나지 않는다는 확신을 얻었다. 반대였다. 그렇게 이야기하고 나니 훨씬 더 기분이 좋고, 친구 관계가 또 다른 깊이를 가지게 되며, 더 끈끈해진다는 걸 깨달았다.

내가 생각하는 내가 진짜 나일까?

실제적인 연습

관찰하고 자각하라

이번 장을 읽으면서 자기 스스로가 뭔가를 은근히 숨기고 있었음을 깨달았을지도 모른다. 시간을 내서 당신이 무엇을 부인하고 있는지 스스로와 대화를 해보라. 부정하는 것이 진실을 시인하는 것보다 더 낫게 생각될지도 모른다. 하지만 장기적으로 부정의 방에 있는 건 고통스럽다는 걸 명심하라. 부정은 자유가 아니라 고통을 준다. 부정하면 진정한 관계가 불가능하고, 장기적으로 힘이 든다.

마음을 열라

한 사람에게 마음을 열고 지금까지 당신이 부정해온 것이 무엇인지 이야기를 하라. 신뢰할 수 있는 사람부터 시작해보라. 진실을 이야기했을 때 찾아드는 후련함과 경쾌함, 안도감을 느껴보라.

부정의 방 들여다보기

상태

이 방에서는 현실을 인정하려 들지 않는다. 위장하고 거짓말을 한다. 부정의 방은 통제의 방 옆에 붙어 있다.

믿음의 문장들

- 그렇지 않아.
- 내가 그러지 않았어.
- 그런 일 없었어.
- 한 번 그런 일이 있었어. 하지만 다시는 그런 일이 없을 거야.
- 당신이 잘못 봤어.
- 이 일이 드러나면 난 거부당하고, 더 이상 사랑받지 못할 거야.
- 이 일이 드러나면 사람들이 나를 비난할 거야. 난 죄인이 될 거야.
- 이 일이 드러나면 난 더 이상 내가 필요로 하는 것/원하는 것을 받지 못할 거야.

감정

- 불안한, 반항적인, 고집이 센, 단절된, 무뚝뚝한, 공격적인, 외로운
- 발각되고, 사람들이 알아챌까 두렵다.
- 열등감이나 죄책감의 방으로 미끄러질까 두렵다.

내가 생각하는 내가 진짜 나일까?

행동 패턴

- 진실을 숨기고 스스로도 믿을 정도까지 거짓말을 한다. 늘 새로운 이야기를 지어낸다. 사안을 대수롭지 않은 일로 왜곡한다. 외도를 하고, 이를 은폐한다. 모호하게 만들고, 조작하고, 아부하고, 현혹시키고, 공격하고, 사실을 무시한다.
- 스스로를 더 나은 사람으로 보이고자 애쓴다. 권력을 행사하려고 한다. 갈등을 회피하고, 자기 가치를 높이려 한다.
- 도둑질을 하고 사기를 친다.

출구

- 관찰하고 알아채기: 부정하는 건 고통스럽고 자유롭지 않다.
- 스스로에게 진실을 고백한다.
- 누군가에게 마음을 열고 진실을 고백한다.

일곱 번째 방

———

저
항
의
방

"질문해 주셔서 감사해요.
하지만 안 되겠어요."

모두 각자의 진실을 가지고 있다.

_게오르크 롤로스

앙엘로는 시끄럽고 공격적인 분위기에서 자랐다. 어머니는 종종 소리를 질러대며 그에게 뭔가를 시켰다. 스스로를 보호하기 위해 앙엘로는 내면으로 침잠했다. 자기 주위로 벽을 치고 더 이상 어머니의 꾸지람이나 요구에 반응하지 않았다.

앙엘로는 다른 인간관계에도 이런 행동 패턴을 적용한다. 가령 아내가 뭔가 하고 싶지 않은 일을 요구하면, 그는 침묵하거나 단답식으로만 답변을 한다. 앙엘로의 반응 때문에 화가 난 아내가 더 다그치면, 그는 더 두꺼운 벽을 치고 수동적인 저항으로 들어간다.

난 어릴 적부터 고집불통이라는 소리를 들었어요. (말로우, 30대)

때로는 남자들의 칭찬도 내게 거부감을 불러일으켜요. '저것들이 나를 조작하려고 하나?' 하는 생각이 들죠. 그렇게 모두가 내게 적대감을 불러일으키고, 나는 그들에게서 스스로를 보호하고자 해요.(카타리나, 40대)

저항의 방에 어떻게 빠져들까

오만의 방과 부정의 방에 이어 저항의 방 역시 통제의 방에 붙어 있다. 여기서 당신은 방어를 함으로써 다른 사람들과 그들의 요구로부터 거리를 둔다. 우리는 스스로를 보호하기 위해 저항의 방에 들어간다. 무기력, 열등감, 혹은 죄책감 같은 힘든 상태에 빠지는 것을 막고자 하기 때문이다.

저항의 방은 두터운 벽으로 되어 있다. 당신은 벽 뒤에 숨어서, 경우에 따라 포문을 통해 반격을 한다. 부담을 느끼거나, 누군가 당신을 위협하거나, 비판하거나, 압력을 가하거나, 조작한다는 생각이 들 때 당신은 저항의 상태에 들어간다. 스스로 뭔가 손해를 보고 있다고 생각하기 때문이다. "난 그걸 원하지 않아!", "모두 날 가만히 좀 내버려둬!", "모두가 계속해서 내게 뭔가를 원해.", "맛 좀 볼래?" 등등이 이 방의 핵심적인 생각들이다.

저항의 방에 들어가면 당신은 반항적이고, 화를 내고, 잘라내

내가 생각하는 내가 진짜 나일까?

고, 불쾌해한다. 외부 세계를 적으로 인지하고, 스스로 상황에서 빠져나오거나 요구를 차단할 방법을 찾는다. 때로 이런 저항은 아주 시끄럽게 일어나고, 때로는 그냥 침묵 가운데 일어난다. 치고받고 싸울 수도 있고, 그냥 스스로의 마음을 닫고 물러나버릴 수도 있다. 저항의 상태는 말 안 듣는 아이나 반항적인 청소년의 행동을 연상시키기도 한다.

어느덧 연금을 받는 나이에 이른 볼프강. 하지만 그는 어릴 적 사사건건 자신의 뒤를 따라다니며 참견을 하는 어머니에게 반감을 가졌고, 이렇듯 간섭당하는 것에 대한 반항심은 나중에 직장 생활에서도 계속되었다. 직장에서 이것은 치열하고 능동적인 반항으로 이어졌다.

어머니가 얼마나 심하게 과잉보호를 했던지, 대학생이 되어서도 전철표를 혼자 사본 적이 없는 지경에 이르렀어요. 시시콜콜 챙겨주는 어머니의 태도에 숨이 턱턱 막혔죠. 어머니의 태도에 반항을 하기 시작한 건 사춘기 때 들어서였죠.

하지만 정말 심한 반항은 교사 생활을 하면서 했어요. 학생들이나 동료 교사들이 아니라, 교장 선생님을 상대로 말이에요. 교장의 지도 스타일과 나를 대하는 태도를 받아들이지 않았죠. 교장은 자꾸 간섭하고, 잔소리하고, 나의 성과를 인정하지 않았어요. 하지만 난 기죽지 않고 맞섰죠. 교사 회의 때 교장과 사사건건 부딪혔어요.

대들며 인신공격을 했죠. 당시 나는 다르게 할 수 없었어요.

반항적인 경향은 어린 시절에 뿌리가 놓여 있을 때가 많다. 카타리나의 경우도 그랬다. 그녀는 통일되기 전 동독에서 자랐고, 어린 시절과 청소년 시절에 운동선수로 활동했다. 당시 그녀는 엄한 코치에게 훈련을 받았다. 그러다 보니 오늘날 그녀는 이래라 저래라 참견하려는 기미만 느껴져도 민감 반응을 보인다.

누군가가 고자세로 조언을 하거나, 압력을 행사하거나, 무시하는 느낌이 들면 반항심이 솟구쳐요. 그러면 나는 뻗대는 자세로 큰 소리로 되갚아줘요. 어깃장을 붙이고, 사사건건 거역을 하지요. 상대가 뭐라고 하는지 자세히 듣지도 않아요. 곧장 마음 문을 닫아버리지요. 굳이 내 태도를 말로 하자면 이런 식이라 할 수 있어요. "그가 나를 파괴하기 전에 내가 그를 파괴한다!"

저항의 방에 입장하는 건 열등감과 관계있을 수도 있다. 열등감을 느끼고 있는 상태에서는 상대방이 조금만 찔러도 너무나 아프다. 지적이 상당히 격하게 경험되고, 이제 상대는 농담 삼아 한 이야기인데도 당신은 굉장히 민감하게 반응할 수 있다.

누군가 작은 충고만 해도 속이 부글부글해지는가? 당신 속에 스스로 뭔가를 제대로 못해서 끝내 지적을 받고야 말 거라는 걱정이 도사리고 있었는지도 모른다. 그런 걱정이 있었기에 지적이 들어왔을 때 거부감이 심한 것이다.

한편 죄책감을 피하기 위해 저항의 방을 보호 공간으로 활용할 수도 있다. 가령 마를레네는 비난을 들으면 공격적인 자세를 취한다.

누군가 내 잘못을 지적하면 나는 곧장 발끈해요. 반격을 하며 내게 유리한 논지들을 쏟아내죠. 그럴 때 어깨와 팔에 상당히 힘이 들어가요. 그렇게 살짝만 건드려지면 계속적인 변명의 사이클이 돌아가요. 여러 시간 동안 왜 나한테는 잘못이 없고, 다른 사람에게 잘못이 있는지, 상대가 무엇을 잘못했는지 생각해요.

한번 저항의 방에 들어가면 다른 사람들은 공격자이자 침해자로 비추어진다. 그러면 이성은 이제 상대를 나쁜 놈으로 해석하면서 왜 그에게 반격해야 하는지 이유를 조목조목 제시한다. 그렇게 당신은 스스로를 희생자로 느끼고, 다른 사람들이 당신의 문제를 초래했다고 확신한다.

이런 상태에서 전쟁이 시작될 수도 있다. 아마도 당신은 배우자와 아이들의 양육권, 양육비, 공동 재산을 놓고 지난한 싸움을 시작할지도 모른다. 저항의 방에서 발포하며 조금도 물러서지 않는 상태가 되면 예전에 사랑했던 사람은 최대의 적이 된다. 그럼으로써 자기 스스로와 가족에게 얼마나 많은 고통을 가하고 있는지 깨닫지 못할 때가 많다.

다른 수단은 전혀 효과가 없다고 믿는 경우, 저항의 방에 있는 사람은 신체적 폭력도 동원할 준비가 된다. 그냥 귀를 막아버릴지, 언어폭력을 사용할지, 아니면 정말 주먹질을 할지는 보통 어릴 적 경험에 좌우된다. 어린 시절 신체적 폭력을 경험했다면, 성인이 되어서도 궁지에 몰렸다고 느낄 때 스스로 폭력을 휘두를 가능성이 높다.

저항의 방은 오만의 방, 결핍의 방과 더불어 정부 수뇌부들이 군사 공격을 시작할 수 있는 방이다. 벙커 멘탈리티bunker mentality가 되면 사람들은 전쟁을 막기 위해 전쟁을 해야 한다는 논리를 따른다. 스스로를 방어하고 예방하려 할 뿐이다. 2003년의 이라크전쟁은 이성이 공격을 정당화시키기 위해 어떻게 이유들을 만들어낼 수 있는지를 보여주는 예다. 미국과 영국은 이라크에 대한 공격을 감행하기 위해 뜻이 맞는 국가들과의 '유지연합有志聯合. coalition of the willing'을 이끌었다. 명분은 이라크 정부가 대량 살상 무기를 보유하고 있어 예방적 공격이 필요하다는 것이었다. 그렇게 이어진 이라크 공격과 점령으로 정말 많은 사람들이 목숨을 잃고 온 나라가 혼란에 빠졌다. 대량 살상 무기는 발견되지 않았다.[11]

저항의 방에서 빠져나오기

사람들은 의견을 관철하려면 큰 소리를 내야 한다고 믿는다.
"뭔가를 원하지·않으면 그냥 나직나직하게 말해서는 안 돼. 큰 소리로 강하게 의견을 어필해야 한다고! 칼과 방패를 꺼내들어! 귀를 막고 다른 사람들이 뭐라 하건 무시해버려."

이런 태도는 저항의 방으로 인도한다. 굳이 이런 식으로 하지 않아도 원하는 걸 피력할 수 있는데도 말이다. 거절하기 위해 저항의 방에 들어갈 필요가 없다. 뭔가를 원하지 않는다는 것을 전달하기 위해 칼과 방패를 꺼내들 필요도 없다. 마음을 연 상태에서 상대방과 다정하게 의사소통을 하고, 부탁이나 제안에 응답하는 게 가능하다. "물어봐줘서 고맙지만 사정이 안 되네요.", 또는 "조언해주셔서 감사합니다. 그런데 저는 그렇게 하기는 어려울 것 같아요."라고 말하면 된다. 각 사람마다 성격과 기질이 다르고 생각도 다르다. 모두 각자의 진실을 가지고 있다. 그러므로 주변 사람들을 적대시할 필요가 없다.

"질문해 주셔서 감사해요. 하지만 안 되겠어요."

이제 당신은 "하지만 누군가가 그래도 계속 압력을 행사하면 어떻게 해요?"라고 질문할지도 모른다. 그 대답은 간단하다. 아무도 당신에게 압력을 행사할 수가 없다.

예를 들어보자. 상사가 당신에게 하고 싶지 않은 일을 시킨다고 하자. 그것을 할 것인지, 말 것인지는 누가 결정하는가? 물론 당신이다. 당신에게만 결정권이 있다. 하지 않으면 직장에서 잘릴 것 같아서, 혹은 상사에게 잘 보이고 싶어서, 내키지 않지만 한다고 치자. 그 역시 당신의 결정이다. YES라고 말하는 건 당신이다. 동의로 인한 모든 결과도 당신 책임이다. 나중에 "그분이 억지로 시켰어요. 내게 압력을 가했어요."라고 말하는 건 솔직하지 않은 태도다. 아무도 당신이 억지로 하게끔 하지는 않기 때문이다. 하기로 한 것은 당신의 선택이다. 불이익을 각오하고, 하기 싫은 일을 하지 않을 수도 있었기 때문이다.

자유롭게 행동하지 못하고 다른 사람에 대해 방어를 하고 있다면, '아, 내가 저항의 방에 있구나.' 하고 알아차리면 된다. 이 책의 핵심은 당신을 자유로 인도하는 것이다. 무엇으로부터의 자유인가? 바로 삶을 바람직하게 형상화하는 걸 방해하는 감정적 상태로부터 자유로워지는 것이다.

인류의 역사에는 진실하게, 그러나 평화롭게 살아간 모범적인 사람들이 있다. 마하트마 간디와 마틴 루서 킹 주니어가 그 대표적인 사람들이다. 그들은 시대의 법에 반하여 옳다고 여기는 것을 따랐다. 그들은 희생자가 아니었고, 자신들의 확신에 따라 행동하고 결과를 감수할 각오가 되어 있었다. 하지만 이를

내가 생각하는 내가 진짜 나일까?

위해 그들은 아무도 적대시할 필요가 없었다. 오히려 바로 이런 태도로 말미암아 그들의 행동이 힘을 얻었다.

칼 그루니크Karl Grunick는 자신의 신체지능 워크숍에서 다음과 같은 연습을 보여주었다. 네 명 내지 여섯 명의 장정들이 그의 팔다리를 결박해 바닥에 눕힌다. 칼은 있는 힘을 다해 저항하며 몸을 일으키려고 한다. 하지만 그가 남자들과 싸우는 한, 몸을 일으키는 건 불가능하다. 힘을 쓰면 쓸수록 다른 사람들이 더 많은 힘을 주어 그를 붙잡는다. 싸우면 싸울수록 그는 더 한계에 부딪힌다. 그러나 그가 상황을 받아들이고, 스스로 내맡기고 자신을 여는 순간에 남자들은 그를 더 이상 붙잡지 않는다. 칼은 내면이 넓어짐과 동시에 자연스럽고 편안하게 결박을 풀고 나온다. 그동안 자주 보고, 또 함께하곤 했지만, 그 연습은 매번 경탄과 경외심을 불러일으킨다.

에크하르트 톨레는 이성보다 강한 지성에게 지휘권을 넘겨주라고 말한다. 더 큰 지성과 접촉할 때, 모든 행동과 결정은 힘들이지 않고 우주와 조화를 이룬다. 그러면 당신은 더 이상 에고의 상태에 동화되지 않고, 더 커다란 자신과 연합된다.

일상에서 자신이 뭔가를 원하지 않는다는 걸 확인하게 된다면 일단 있는 그대로의 상황을 받아들여라. 마음을 부드럽고 유연하게 하고, 이런 변화된 에너지로 행동하라. 일단 받아들이고, 그다음 행동하라.

저항은 내부, 즉 자기 자신에게로 향할 수도 있다. 그러면 당신은 당신 속에 끓어오르는 특정한 감정 또는 아픔을 방어하려할 것이다. 여기서 당신은 더 이상 외부의 현실과 싸우지 않고, 내면의 현실과 싸운다. 뭔가를 받아들이고 싶어 하지 않는다. 아마도 그것은 압도당할까 두려워서 억누르려 하는 슬픔이나 분노일 수도 있다. 하지만 억누른다고 사라지지는 않는다. 감정과 싸우면 감정은 어두운 힘으로 배후에 존재하다가 호시탐탐 올라올 기회를 노린다. 술을 마신 다음에 표면으로 솟구칠지도 모른다. 그러면 다음 날 아침 당신은 자신이 왜 그렇게 격하게 반응했을까 생각하며 놀랄지도 모른다. 억압된 에너지가 신체를 공격해서 질병을 유발할 수도 있다. 이런 감정들이 악해서 이런 일이 일어나는 게 아니라, 억누르다 보면 어느 시점부터는 어디론가 분출되어야 하기 때문이다.

그러므로 감정을 느끼고 방출할 수 있도록 하는 게 중요하다. 이제부터 방구석에서 울거나, 조금만 마음이 상해도 소리를 지르며 화를 내야 한다는 의미가 아니다. 그렇게 하는 것은 힘들고 후유증이 심하다. 물론 어떤 심리치료사들은 의식적으로 큰 소리를 지르거나 베개를 집어던지게 한다. 감정을 이런 방식으로 해소하면 처음에는 기분이 좋게 느껴질지도 모른다. 하지만 그런 식으로는 감정이 건설적으로 바뀌지 않는다. 증기배출기는 배출구를 새롭게 열 때까지 새로운 압력을 만들어낼 것이다.

내가 생각하는 내가 진짜 나일까?

그리고 틈만 보이면 배출구로 시끄럽게 빵 터질 것이다.

감정을 허용하는 것은 마음 챙김의 의미에서 그것들을 받아들이고 있는 그대로 인정하는 것이다. 감정을 다정하게 관찰하는 가운데 감정이 표면으로 떠오르게 하라. 내면의 아이를 돌볼 때처럼 명상을 통해 그렇게 하라. 여기서도 당신의 시점이 결정적인 요소다. 감정과 하나가 되지 말고, 관찰자로서 감정과 일정 거리를 두라. 지금 여기에 있도록 주의의 일부는 계속 호흡을 좇아야 한다. 이 과정에서 당신은 슬퍼서 울거나, 분노에 치를 떨 수도 있다. 그러나 그 이야기 속에서 스스로를 잃지 않는다. 당신은 감정이 아니고, 감정을 가지고 있는 것이다. 넓은 의식에서 볼 때 그런 감정은 지각 영역에서 떠오르는 구름에 불과하며 한동안 머물렀다 가버리는 것임을 지각할 수 있다.

신체적 통증에 대한 저항도 감정에 대한 저항처럼 작업할 수 있다. 신체 느낌에 저항할수록 고통은 더 심해진다. 압력은 반대 압력을 낳기 때문이다. 따라서 저항으로 가는 대신 관찰자 시점에서 불편을 느껴보라. 지금 여기서 느껴지는 것을 지각하라. 쑤시는가, 화끈거리는가, 지금 더 심해지는가, 약해지는가…. 신체의 어느 부분이 아프지 않은가?

'난 이런 불편함을 원하지 않아. 이런 증상은 사라져야 해. 예전이 더 좋았어. 더 이상 멈추지 않으면 어떻게 하지?'라는 생각을 따르지 마라. 주의를 이성이 만들어내는 이야기에서 거두어 그저 다정하고 고요하게 관찰하라. 신체 느낌을 받아들이고, 그 안에 들어가 편안함을 누리면 느낌이 가벼워질 것이다.

동독에서 운동선수 활동을 했던 카타리나는 시간이 흐르면서 자신이 다시 저항의 방에 들어갔을 때 그걸 알아챌 수 있게 되었다. 가령 배우자가 무슨 말을 하는데 이것이 자신을 좌지우지하려는 개입으로 느껴질 때면 순간적으로 속에서 분노와 거부감이 치밀었다. 그녀는 자신이 저항의 방에 들어왔음을 알았다. 이럴 때 그녀는 더 마음 챙김을 하려고 했고, 그로써 자동적으로 상태와의 거리를 확보했다. 그리하여 더 이상 화를 마구 분출하지 않고 배우자에게 다정한 말투로 자신의 의견을 전달할 수 있었다. 이를 통해 카타리나는 스스로에게 충실하게 살기 위해 꼭 전쟁을 할 필요는 없음을 배웠다.

실제적인 연습

분명하고 다정하게 의사소통하라

스스로에게 충실하게 살기 위해 싸울 필요는 없다. 편안하고 다정하게 의사소통하는 법을 연습하라. 따르고 싶지 않은 제의가 오거든 이렇게 말하라. "물어봐주셔서 감사하지만 괜찮아요(혹은 불가능하네요.)." 달갑지 않은 충고에는 이렇게 말하라. "조언해주셔서 감사해

　　　　　　　　　　내가 생각하는 내가 진짜 나일까?

요. 그런데 저는 그냥 생긴 대로 살아야 할 것 같아요."

관찰하고 알아채라

상대방의 입장도 되어보라. 그러면 상대방이 적이 아니라 다르게 할 수 없기에 자기 방식으로 행동하고 있음을 알 것이다. 로마의 시인 테렌츠는 이렇게 말했다. "나는 인간이다. 그래서 인간적인 것은 아무것도 낯설지 않다." 틀림없이 상대가 경험하는 것을 당신 스스로에게서도 찾을 수 있을 것이다.

당신의 감정을 받아들이라

감정을 억압하는 한 당신은 그 감정으로 인해 트리거를 경험하고 저항으로 나아간다. 그러므로 그것을 받아들이는 것이 더 낫다. 그렇다고 그 감정을 세게 분출시킬 필요는 없다. 마음 챙김의 단계들로 감정과 거리를 둔 뒤에 그것들을 관찰하라.

감정에 대한 저항이 너무 크면 곧장 그것을 처리하지 말고 일단 그에 대한 두려움을 처리하라. 감정을 허락할 때 일어날 수 있는 최악의 일이 무엇일까? "슬픔이 나를 엄습할 거예요.", "분노로 자제력을 잃을 거예요.", "열등감을 허락하면 비참해질 거예요." 아마도 이런 대답을 하지 않을까? 이 생각을 오만의 방에서 알게 된 The Work로 점검하라. 대체적인 규칙은 가장 강하게 대두되는 에너지를 우선적으로 돌보라는 것이다. 한 부분에 얼룩이 묻은 티셔츠를 빨려고 할 때는 티셔츠를 세탁기에 넣기 전에 우선 얼룩을 제거하거나 아니면 특수 세제를 얼룩에 묻혀서 세탁기에 넣는다. 당신의 두려움은 이 얼룩이다. 세심하게 신경을 써야 할 것이다. 따라서 어떤 감정을 받아들일 수가 없다면, 그 감정을 받아들일 수가 없음을 받아들여라. 두려움이 있음을 받아들여라. 자유롭고자 한다면 두려움을 작업하라.

저항의 방 들여다보기

상태

이곳은 거부하고 방어하는 방이다. 여기서는 바깥일들이나 내면의 감정에 대한 저항, 거부, 반항, 고집이 지배한다. 이 방 역시 통제의 방 옆에 있다.

믿음의 문장들

- 나는 그걸 원하지 않아.
- 나는 그걸 할 수 없어.
- 그건 너무 심해.
- 모두가 내게 뭔가를 원하잖아.
- 난 부담스러워.
- 날 좀 가만히 내버려둬!
- 싫다고!
- 말도 안 되는 소리!
- 강하게 핏대를 세우지 않으면 휘말리고 말 거야.

감정

- 반항적인, 공격적인
- 압박감을 느끼는, 궁지에 몰린, 부담스러운, 위협을 느끼는, 의심스러운
- 주목받지 못하고 존경받지 못할까 하는 두려움, 무시당하지

않을까 하는 두려움, 조종당하지 않을까 하는 두려움, 손해 보지 않을까 하는 두려움, 뭔가를 빼앗기지 않을까 하는 두려움이 있다.

• 열등감, 죄책감, 무기력의 방에 들어갈 필요가 없도록 저항한다.

행동 패턴

• 핏대를 세우고, 변호하고, 경계하고, 거리를 두고, 싸우고, 시끄럽게 굴고, 방어하고, 반격하고, 신체적 폭력을 사용한다.
• 다른 사람들을 나쁜 사람으로 치부한다.
• 떠나버린다. 마음 문을 닫고 퇴각한다. 침묵한다.

출구

• 다정하게 자신의 진심을 표현하는 연습을 한다. 가령 이렇게 말한다. "물어봐줘서 고마워요. 하지만 그렇게는 하지 않을래요."
• 감정이나 분노를 따라가지 말고 마음 챙김을 통해 넓은 의식으로 관찰하라.
• 관찰하고 알아채라. 상대방은 적이 아니라 다르게 행동할 수 없는 것이다. 사람은 원래 생긴 대로 살게 되어 있다.

여덟 번째 방

탐욕의 방

"나는 최고가 되어야 해!
나는 그것을 가져야 해!
내게 그것을 줘! 지금 당장!"

결코 만족하지 못하는 것이
탐욕의 본질이다.

_게오르크 롤로스

탐욕의 방은 무절제하고 요란하게 꾸며져 있다. 이 방에서 당신은 축제를 벌이고, 거나하게 먹고, 섹스하고, 취하고, 약물을 복용한다. 쇼핑과 도박을 원할지도 모른다. 주식 투자를 하거나, 무대에 서서 갈채 받기를 원할 수도 있다. 때로는 당신은 혼자서 모임에 가고, 때로는 다른 사람들과 같이 간다. 하지만 어쨌든 당신 자신만이 중요하다. 이 상태는 굉장히 자기중심적이기 때문이다.

"나는 최고가 되어야 해! 나는 그것을 가져야 해! 나는 이제 그게 필요해! 내게 그것을 줘! 지금 당장!"

이 방에서는 인내심과 참을성이 약하다. 도취 상태에 있기 때문이다.

"나중에 무슨 일이 일어나든 상관없어."

만족에 기여하지 못하는 것은 그냥 페이드아웃 된다. 바람을 충족시키는 데 방해가 되는 건 모두 지겹고 짜증나는 것으로, 파티를 망치는 것으로 지각된다. 아니면 당신의 경우 탐욕의 방을 그렇게 심하게 경험하지 않아 탐욕의 방에 들어가긴 하되, 케이크 한 조각, 최신 스마트폰, 혹은 새 구두 한 켤레처럼 소박한 것을 원할 수도 있다.

거의 매일 택배가 왔어요. 어느 날은 한두 개, 어느 날은 세 개까지도. 어느 순간 주체할 수 없어서 토가 나왔죠. 옷을 정리하는데, 정말 가관이었어요. 이런 생각이 들었어요. '그래, 블라우스만 자그마치 38벌이야.' 색상별로 똑같은 스웨터도 세 장이나 있었죠. 그걸 확인하자 내가 쇼핑 중독 때문에 재정적으로 파탄에 이르게 되는 게 아닌가 하는 두려움이 몰려왔어요. 하지만 얼마 안 가 또다시 새 옷을 주문했어요.(베레나, 40대 초반)

탐욕의 방에 어떻게 빠져들까

탐욕의 방은 결핍의 방 곁에 붙어 있다. 결핍의 방에서처럼 탐욕의 방에서도 부족과 메마름을 느낀다. 그러나 탐욕의 방에서는 그냥 불평에 그치지 않고 원하는 것을 취한다. 당신은 만족감에 도달하려 한다. 만족감이 있으면 잠시 기분이 좋고 행복감이 느껴진다. 그러나 잠시뿐이다. 진정한 만족은 찾아오지 않는다. 당신은 결코 거기에 도착하지 못한다. 현실에서 도망가고자 하기 때문이다. 당신은 *지금 여기에서* 당신 안에 있는 것을 느끼려 하지 않는다. 현재 자신의 내면을 들여다보면 공허, 불안, 고독, 지루함을 지각하게 될지도 모른다. 하지만 이런 상태를 제대로 다룰 수가 없으므로 탐욕의 방을 피신 장소로 선택한다. 이것은 스스로에게 마약을 주사하는 것과 같다. 깨어나면 숙취가 남고, 수치심이 동반된다. 하지만 수치심은 빠르게 억압되고, 당신은 다음 체험을 찾아 빠르게 다시 파티룸으로 뛰어든다.

카타리나는 여러 해를 도취 상태에서 보냈다. 남자들, 파티, 약물, 폭식, 이 모든 것이 자신의 현주소를 느낄 필요가 없도록 하는 데 기여했다.

소용돌이와 같고, 도박과 같았어요. 나는 거기에 편승했고, 질펀한 파티에 가서 술 마시고, 마약하고, 토하고, 춤추었어요. 모든 면에서 정말 과한, 맥동하는 삶이었죠. 파트너 관계에서도 그랬어요. 나는 남자들을 사귀고자 했고, 모든 것을 곧장 하고자 했어요. 노획물에 뛰어들어 탐식하고, 탐식하고, 또 탐식하는 굶주린 늑대마냥 말이에요. 계속해서 '더 많이! 멈춰서는 안 돼! 멈추면 지루해져!'

하는 느낌이었죠. 종종 상태가 너무나 지나쳐서 신체가 억지로 나를 쉬게 만들었어요. 그래서 우울증에 걸렸죠. 방종하게 보내고 나면 큰 대가를 치러야 해요.

탐욕은 반항심에서 나온 행동일 수 있다. 열등감이나 죄책감 때문에 오랫동안 자신의 욕구를 억누른 경우는 종종 거부나 반항의 형태로서 탐욕이 따른다. 가령 베레나는 다른 사람들의 욕구가 더 중요하다고 믿었기에 늘 다른 사람들을 먼저 챙겼다. 더 이상 할 수 없을 때까지 말이다.

그렇게 많은 사람들이 나의 경계를 침범했어요. 나는 매번 이렇게 생각했죠. '늘 나야. 늘 내가 호구야.' 그러다가 어느 순간 반항이 시작되었어요. 분노와 함께 '제길, 될 대로 되라지.' 하는 마음이 들었죠. 나는 화를 버럭버럭 내기 시작했어요. 이런 반항에 이어 쇼핑 중독이 찾아왔어요. 뒷일은 알 바 아니었죠. 나는 사고 싶은 물건들을 질러댔어요. 지금 안 사면 기회가 없다는 생각이었죠. 그렇게 무지막지하게 많은 시간을 컴퓨터 앞에 앉아 인터넷으로 싸고 좋은 물건을 찾아다녔어요. 그러고는 이런 물건을 놓치면 안 된다고 스스로를 속였죠. 죄책감과 수치심이 몰려오는데도 계속해서 자석에 이끌리듯 컴퓨터 앞에 앉았죠. 물건을 주문하고 싶은 생각은 마치 나를 꽉 문 채 놔주지 않는 사냥개 같았어요. '자, 지금 구입하지 않

내가 생각하는 내가 진짜 나일까?

으면 영영 못 사. 그러면 기회는 지나가고 말아.' 그 생각을 떨쳐버리고 싶어서 그냥 구매한 적도 있었어요. 난 머릿속에서 그 생각이 나를 물고 늘어지지 않기를 바랐어요.

탐욕의 대상이 물건이나 음식, 약물이 아닌 사람일 수도 있다. 혼자 있기 싫어서 물건 대신에 사람을 욕심내는 것이다. 당신은 (실제로든 가상으로든) 전화할 수 있거나 만날 수 있는 누군가를 늘 필요로 한다. 상대가 어떤 사람인지는 크게 중요하지 않다. 중요한 것은 외로움이 고개를 들지 않도록 만남을 성사시키는 것이다. 그러다 보니 때로는 약속을 겹치기로 잡을 수도 있다. 결국 혼자 있지 않게 보장 받고 싶기 때문이다. 이런 전략으로 나가다 보면 어떤 사람은 당신에게 화를 내기도 하지만, 그것도 감수한다.

통제의 방에 계속 거하면서 짧은 휴가처럼 탐욕의 방을 이용할 수도 있다. 모든 의무와 요구로부터 한 번씩 떠나기 위해서 말이다. 한 주 내내 열심히 일을 한 뒤 주말에 정말로 '진탕 놀 수도 있다'. 심한 경우 거식증처럼 통제와 탐욕 사이에서 계속 요요 현상을 겪을 수도 있다. 일중독처럼 보이는 리암은 이렇게 두 가지 상태를 오간다.

많은 사람들은 내게 "맙소사! 넌 정말 통제광이다."라고 해요. 하지만 내겐 사람들이 모르는 동전의 이면이 있어요. 통제를 한 번씩 놓아버리고 욕구를 배출시켜요. 그럴 때면 그냥 될 대로 되라는 심정으로 인터넷으로 시답잖은 걸 검색하거나, 쓸데없는 걸 폭식해요. 섹스에 탐닉해 포르노를 보고 자위도 하지요. 하지만 별로 즐겁지 않아요. 그냥 그러고 있는 거죠. 자기 관찰은 없어지고 공허하고 허무해요. 난 그냥 다 내려놓고 쉴 수 있기를 원할 뿐인데. 진정한 쉼은 없고 지치고 마음이 뻥 뚫리게 될 뿐이죠. 그래요, 그건 쉼이라기보다는 기분 전환에 가까워요. 좋지 않아요.

탐욕의 방은 늘 기분 전환에 기여할 뿐이다. 별다른 수단이 없으므로 힘들게 하는 생각으로부터 주의를 돌리기 위해 중독 수단을 활용할 때가 많다. 종종 어려운 삶의 상황에서, 시종일관 그 문제만 생각하지 않으려고 탐욕의 방에 들어가기도 한다. 미리암처럼 말이다.

남편과 헤어진 다음 맨 처음 카지노에 갔어요. 기분 전환을 원했죠. 게임을 하니까 정말로 고통스런 생각에서 해방되었어요. 그래서 오후 4시부터 새벽 3시까지 11시간이나 그곳에서 보낸 날들도 있어요. 네 테이블에서 동시에 게임을 하면서 굉장히 집중을 하죠. 20번에 앉았다가 막 뛰어서 17번에 앉고 말이에요. 이쪽저쪽에서 구슬들이 떨어지고, 정말 정신이 없죠. 하지만 그 덕분에 남편과 헤어졌다는 사실을 잠시 잊을 수 있었어요. 주의를 다른 곳으로 돌릴 수 있었죠.

세계 최대의 룰렛은 증권시장에서 일어난다. 여기서는 탐욕이 오만과 손을 잡는다. 이 두 방이 합쳐지면 결과는 치명적일 수 있다. 2008년의 금융위기는 더 높은 이익을 탐하는 마음이 은행가들의 교만과 짝지어 빚어진 일이었다. 은행과 투자자들은 무리하게 배팅을 하면서 더 신속하게 더 커다란 이윤을 챙기고자 했고, 어느 순간 전 시스템이 붕괴해버렸다. 뒤이어 은행들을 구제하는 데 얼마나 많은 공적 자금이 투입되었는지 정확한 건 모르겠지만, 독일의 납세자들은 이런 도박을 위해 몇십억 유로를 지불했다.

부자라고 모두가 탐욕의 방에 있는 건 아니다. 하지만 탐욕의 방에 입장하면 더 많이 소유하려고 한다. 무엇을 위해서? 그냥 그것이 가능하기 때문이다. 1980년대 독일 대기업 임원의 연봉은 같은 기업 평사원보다 40배 더 높았다. 하지만 탐욕은 날로 더 심해져서 임원들은 (해가 갈수록) 연봉을 더 높였고, 그동안에 평사원과의 임금 격차는 200배 이상으로 벌어졌다. 탐욕의 방에 있으면 결코 만족을 모른다.

결코 만족하지 못하는 것이 탐욕의 본질이다.

이런 상태에서 사람들은 양심이 없어지고 파렴치해진다. 많은 경우 '터널 시야'를 가지게 된다. 탐욕의 대상에만 주의를 집중하고 다른 모든 것에는 관심이 없는 것이다. 환경 보호나 동물권, 인권 같은 것은 그냥 걸림돌로만 다가온다. 자신들의 행위가 미치는 영향에 대해서는 생각하지 않고 사고, 소비한다. 그저 원하는 것을 취하려 하며 심한 경우는 사기나 절도도 서슴지 않는다. 그런 상태에서 페이퍼컴퍼니를 통해 국가 돈을 해외로 빼돌리는 정부 수뇌부들도 있고, 세금을 거의 내지 않는 '세금 천국'이나 조세피난처를 활용하여 재산을 은닉하는 기업과 백만장자, 정치인, 유명인들도 있다.

이런 탐욕에 깊이 미끄러져 들어가면 결국 한계를 모른다. 순간적인 욕망에 굴복함으로써 성적 침해나 성폭행, 혹은 살인 사건도 발생한다.

탐욕의 방에서 빠져나오기

중요한 질문은 "뭔가를 사랑으로 취하는가, 아니면 두려움, 화, 결핍 때문에 취하려 하는가?" 하는 것이다. 스스로를 에고에서 해방시키려 한다고 금지 조항을 부과하거나 금욕적인 삶을 살 필요는 없다. 금지 조항은 이성의 또 다른 통제적 사고일

내가 생각하는 내가 진짜 나일까?

따름이다. 과도하게 억누르면 오히려 반대급부로 탐욕의 방에 떨어질 위험도 있다. 이렇듯 탐욕의 방에 떨어진 뒤에는 다시 죄책감의 방 혹은 통제의 방으로 들어가 자제하지 못한 것을 탄식하는 등 탐욕과 통제, 죄책감의 방을 교대로 드나들 수도 있다. 탐욕이건, 통제건, 죄책감이건 늘 같은 종류의 목소리가 관여한다. 이로부터 해방되기 위해서는 두려움, 화, 결핍으로부터 자유로워져야 한다.

그러므로 중요한 질문은 "나는 어떤 의식 상태에서 이것을 하고 있는가?" 하는 것이다. 자유롭고 좋은 느낌으로 하고 있는가, 아니면 뭔가를 피하고 억누르려고 하는 것인가? 에고를 만족시키고 스스로 높임받기 위해 그것을 하는가, 아니면 사랑으로 하는가?

마음 챙김과 양식

탐욕의 방에서는 소비하고 먹는 것이 상당히 중요한 역할을 한다. 그런데 불교에서는 먹을 것과 마실 것만을 양식으로 보지 않는다. 감각을 통해 받아들이는 모든 것이 사람에게 효과를 미치기 때문이다. 자연, 명상, 음악, 노래, 운동, 모든 것이 일용할 양식이다. 인터넷, 신문, 책, 잡지에서 흡수하는 모든 정보도 마찬가지다. 모든 것이 신체와 정신과 감정에 영향을 미친다.

주의 깊게 관찰하면 어떤 양식은 좋고, 어떤 양식은 좋게 느껴지지 않는다는 것을 확인하게 될 것이다. 또한 종류를 막론하고 적정량도 중요하다. 대부분의 경우 어느 정도의 양식은 좋은 역할을 하지만 어느 정도를 넘어서면 더 이상 좋게 느껴지지 않는다. 언론 보도도 그러하다. 언론 보도를 지나치게 섭취하면 이성은 다 소화하지 못하고 점점 걱정에 휘말리기 시작한다.

우리의 생각 역시 양식이다. 생각도 시스템에 흡수되고 소화된다. 걱정거리가 맴돌고 있을 때는 걱정도 마찬가지로 신체와 정신에 직접적으로 효과를 미친다. 대화도 마찬가지다. 누군가와 좋은 이야기를 하고 났을 때와 신랄한 뒷담화를 하고 났을 때 당신에게 미치는 효과를 관찰해보라.

나는 명상 공동체에서 종일 우리가 무엇을 소비하는지를 정확히 지각하도록 독려받았다. 어떤 양식이 우리에게 잘 맞고, 어떤 것이 잘 안 맞는지 관찰해야 했다. 그러면 어떤 양식을 더 많이 섭취할 수 있고, 어떤 것에서 손을 떼어야 하는지 알 수 있기 때문이다.

베레나는 인터넷으로 물건을 마구 사들이고 난 다음에는 별로 기분이 좋지 않다는 걸 깨달았다. 쓸데없는 물건을 쇼핑하는 건 그녀에게 긍정적인 양식이 아니었다. 그녀는 나와 작업을 시작하고부터 쇼핑 충동이 언제 일어나는지, 그럴 때 (탐욕 외에) 또 어떤 감정들이 느껴지는지를 관찰했다. 그러고는 쇼핑 충동이 올 때면 으레 화가 나고 외로움을 느낀다는 걸 감지했다. 그리하여 그녀는 내면의 아이를 돌보는 작업을 실행했고, 어린 베레나에게 다정한 관심을 주기 시작했다. 이런 양식은 신발이나 스웨터보다 본질적으로 효과가 더 오래 지속되었고, 쇼핑 충동은 차츰 약해졌다. 그렇게 베레나는 자신의 쇼핑 중독을 차츰차츰 떨쳐내고 다른 형태로 자신의 마음을 돌볼 수 있었다. 그럼에도 한 번씩 폭풍 쇼핑에 굴복한 뒤 내면의 비판자가 그녀를 죄책감의 방으로 끌고 들어가려 하면 그녀는 이렇게 선언했다.

"나를 용서해. 나는 더 잘할 수 없었어."

중독증을 치료할 때 중독 상태에서 보였던 습성으로 돌아가 보는 것은 치료의 일부다. 따라서 자신이 다시 옛 패턴으로 미끄러져 들어갔음을 알아챘다 해도 스스로를 다정하게 대하라. 부드러우면서도 절도 있는 태도를 유지하라. 훈련을 한다고 하여 내면의 비판자의 목소리를 다시 들을 필요는 없다. 친절한 동반자로서 스스로를 옛 행동 패턴보다 나은 새로운 길로 인도하라.

실제적인 연습

관찰하고 알아채기

탐욕의 충동을 지각하고, 그것을 곧장 따르지 말라. 속도를 늦추고 탐욕과 함께 어떤 감정, 생각, 신체 느낌이 떠오르는지를 정확히 관찰하라. 관찰이 끝난 뒤 충동을 따르고 싶은지, 그렇지 않은지를 새롭게 결정하라. 어떤 양식(진짜 음식뿐 아니라 광범위한 의미에서)이 자신에게 좋고, 어떤 것이 좋지 않은지 민감하게 지각하라. 그런 다음 매일 당신에게 좋은 양식을 우선적으로 취하라. 그러면 좋지 않은 양식은 자동적으로 더 적게 취하게 된다.

원인이 되는 생각을 점검하기

지금 하는 행동을 왜 하고 싶은가? 자유와 사랑으로부터 하려고 하는가? 느낌이 좋은가? 아니면 불안, 결핍, 분노에서 하려고 하는가? 불안, 결핍, 분노를 지각하면 그 배후에 있는 믿음의 문장을 찾아봐야 한다. 오만의 방에서 배운 The Work 방법으로 믿음의 문장을 점검해보라.

불안할 때는 이렇게 묻는다.

"내가 지금 뭘 걱정하고 있는 것일까? 일어날 수 있는 최악의 것은 무엇일까?"

그러면 미래와 관련한 문장이 떠오를 것이다.

"이러이러한 일이 일어날까 봐 걱정돼."

그러면 다음으로 그 문장을 점검하라.

"이러이러한 일들이 일어날지도 몰라. 그게 사실일까?"

"내가 이러이러하게 느낄 거야. 그것이 사실일까?"

화가 나면 무엇에 대해 화가 나는지 묻는다. 그러면 누군가 혹은 무엇인가에 대한 문장이 떠오를 것이다.

내가 생각하는 내가 진짜 나일까?

"나는 이러이러한 것(사람)에 대해 화가 나. 왜냐하면…."

그런 다음 이렇게 점검하라.

"그(그녀)가 그렇게 행동하면 안 된다는 건데, 그게 맞는 걸까?"

"그들이 달라져야 한다는 건데, 그게 맞는 걸까?"

결핍을 느끼면 당신에게 필요한 것이 무엇인가를 물어야 한다. 그러면 "나는 이러이러한 것이 필요해."라는 문장이 떠오를 것이다. 그것을 캐물어라.

"그것이 사실일까?"

자신의 욕망이나 계획을 열린 시선으로 다정하게 대하되, 절도 있게 행동하라.

탐욕의 방 들여다보기

상태

굉장히 굶주린 상태, 중독 상태, 무언가 필요하고 가져야 하는 상태다. 터널 시야가 지배한다. 이 방은 결핍의 방 곁에 붙어 있다.

믿음의 문장들

- 나는 그걸 가져야만 해./가질 거야.
- 나는 그걸 잃지 않을 거야.
- 나는 당장 그게 필요해.
- 그것을 내게 줘.
- 내가 가질게.
- 내 거야.
- 내가 맨 처음이야.
- 난 더 필요해.
- 왜 더 많이 가지려 하냐고? 가능하니까!
- 난 아무래도 좋아.
- 나중 일은 알 바 아니야.

감정

- 탐욕스런, 초조한, 굶주린, 흥분한, 긴장한, 과민한, 불안한, 신경이 곤두선, 단절된, 싸우는, 취한, 반항적인, 심심한, 차

내가 생각하는 내가 진짜 나일까?

단된, 자기중심적인
- 지루함, 허무함, 외로움에 대한 두려움

행동 패턴

- 계속해서 스스로 몰두하거나 소비할 것을 찾는다. 그러나 장기적으로 충족감이 들지는 않는다.
- 민폐를 끼치고 다른 사람을 침해한다. 아무 생각 없이 일에 뛰어든다. 뒷일은 생각하지 않는다.
- 상상의 세계와 백일몽에 빠지고, 주의가 산만하며, 시간을 낭비한다.
- 진정한 감정을 속이고, 보상을 주고, 외출하고, 박수치고, 수다 떨고, 속이고, 훔치고, 성적으로 침해한다.
- 음식·술·약물·인터넷·시합·게임·섹스·쇼핑·만남 중독

출구

- 처음 올라오는 충동을 좇지 말고 의식을 챙기며 관찰한다.
- 다정하고 친절하게 거리를 둔다.
- 관찰하고 알아챈다. 왜 뭔가를 하려고 하는가? 사랑과 자유로 인해 자연스럽게 하고자 하는가? 아니면 걱정, 화, 결핍이 동기인가?
- 탐욕적인 행동으로 몰아가는 생각을 The Work를 통해 점검한다.

혼란의 방

이성은 당신의 머릿속에
계속 새로운 의심을 흘려보낸다.

_게오르크 롤로스

여러분이 가진 행복에 대한 관념이
바로 여러분을 불행으로
인도할 수도 있습니다.

_틱낫한

혼란의 방에 있으면 의심스럽고 헷갈린다. 이런 일은 쉽게 일어난다. 오늘날 우리는 너무나 많은 정보들, 유혹들, 가능성 앞에 서 있고, 계속해서 스스로 중심을 잡고 결정을 해야 하기 때문이다. 작은 일에서나 큰 일에서나 마찬가지다.

나는 늘 누군가의 확인이 필요해요. 이메일 한 통을 써도 아이처럼 "한번 봐줄래? 괜찮겠어?"라고 하죠. 누군가와 같이 외식하러 가서 주문한 음식이 나오면 난 기본적으로 이렇게 생각해요. '이럴 수가! 나도 다른 걸로 주문할걸!' 그래서 나는 그동안 항상 상대가 주문하는 걸 주문했어요.(마리, 30대 중반)

혼란의 방에 어떻게 빠져들까

혼란의 상태에 빠져드는 것은 머릿속에서 서로 다른 방향의 음성들이 들리는 것으로 시작한다. "여기야. 이쪽으로 가야 해." "아니야. 여기가 진짜 길이야." "이리로 건너와. 이쪽이 옳은 선택이야." 당신은 처음에 하나의 음성을 따른다. 하지만 그런 다음에 갑자기 방향을 바꾼다. 다른 음성도 마찬가지로 확신 있게 들리기 때문이다. 그러고 나면 세 번째 음성이 들린다. 모두가 그럴듯한 논지를 내세우며 당신에게 선택을 종용한다.

어느 순간 당신은 혼란스럽고 멍해져서 오른쪽으로 가야 할지, 왼쪽으로 가야 할지, 앞으로 가야 할지, 뒤로 가야 할지 더이상 알지 못한다. 헷갈리는 마음에 친구나 가족, 전문가에게 길을 물어보면 사태는 더 뒤죽박죽이 되곤 한다. 그러면 그냥 목소리들 한가운데 서서 방향을 잃은 채 한 지점에 머무르는 사태가 발생할 수도 있다.

혼란의 방에 있게 되면 결정 장애, 선택 장애가 온다. 다음으로 뭘 해야 할지도 알지 못한다. 통제의 방에서 떨어져 나와 미로 속을 헤맨다. 가장 큰 두려움은 나중에 후회할지도 모르는 결정을 내리는 것이다. 결정을 잘 못하면 죄책감의 방(내가 잘못했어.), 열등감의 방(이제 난 더 이상 좋아할 만한 사람이 아니야.), 무기력의 방(나는 어쩔 수 없는 상황에 내맡겨져 있어.)에 떨어질지도 모른다는 두려움으로 인해 다음 걸음을 내딛지 못한다. 모든 걸 늘 새롭게 생각하고, 고심하고, 결론에 이르지 못한다. 어떤 걸 먹을지 결정하지 못해 두 건초더미 사이에서 굶어 죽는 나귀 이야기처럼 말이다.

이성은 당신의 머릿속에 계속 새로운 의심을 흘려보낸다.

우리가 결핍의 방에서 만났던 휠야는 일상적인 일들에서는 선택에 어려움이 없다. 하지만 중요하다고 생각되는 일에서 선택지들이 많으면 혼란에 빠진다. 오랫동안 싱글로 지낸 그녀는 새롭게 결혼정보 회사에 등록을 했고, 막 헷갈리는 상황이 되었다.

정말 오래 남자를 만난 적이 없는데, 요즘 한꺼번에 세 남자를 알게 되었어요. 동시에 사귀고 있어요. 모두 나름 특별한 사람들이라 도무지 한 사람으로 결정할 수가 없어요. 한 사람이랑 데이트를 하고 다른 한 사람이랑은 전화를 해요. 아니, 따지고 보면 네 사람이에요. 하지만 네 번째 사람하고는 메일만 해요. 지금 장기 휴가 중이라 해외에 있거든요. 어떻게 결정을 해야 할지 모르겠어요. 아니면 다 그만두고 독신이 좋다고 선언을 해야 하는 건지…. 정말 부담이 돼요. 거의 안개 속에 있는 것 같은 기분이라고 할까요. 정말 많은 생각들이 머릿속을 맴돌아요. 다른 사람들이 내 선택을 어떻게 여길까 생각하면 머릿속이 터질 듯하고 어지러워져요. 잘못된 결정을 내리면 금방 실망하고 다시 혼자로 돌아올 거라는 사실 때문에 두려워요. 이렇게 혼란스럽고 머릿속이 지끈거리다 보니 '에라, 모르겠다. 다 때려치우자.'라는 생각이 들어요.

혼란의 방에서 당신은 다양한 사람들에게 자신의 문제를 상의할 것이다. (이런저런 고민 끝에) 결정을 내리고 나서는, 다음 날이면 또다시 번복을 할지도 모른다. 이런 우유부단함으로 말미암아 주변 사람들은 이해가 안 간다며 고개를 흔들고 신경질적으로 반응을 할 수도 있다. 하지만 미로 같은 혼란의 방에 박혀 있는 동안 당신은 다르게 행동할 수 없다. 이성이 계속해서 당신의 머릿속에 새로운 의심을 흘려보내기 때문이다.

예전 반 친구 중에 여가 시간에 시내로 가서 쇼핑을 하는 걸 좋아했던 여자애가 있었다. 그 아이는 부지런히 이 가게 저 가게를 전전하며, 여러 개의 청바지를 입어보고 찍어두었다. 하지만 혼자서 도무지 결정을 내리지 못해 가까운 공중전화 부스로 뛰어가(휴대전화가 없던 시절이었다.) 최소한 세 명의 친구에게 전화를 걸어 상의를 했다. 흥분한 목소리로 각각의 옷의 특징들을 자세히 설명했지만, 긴 통화에서 친구들의 조언을 들은 뒤에도 대부분은 결정을 못 내렸다. 그래서 절망해서 바지를 사지 않고 돌아오곤 했다.

내가 생각하는 내가 진짜 나일까?

혼란의 방에 있으면 특히나 파트너 선택이나 직업 선택처럼 중요하게 여겨지는 결정에서 지금의 선택이 인생에 얼마나 많은 파장을 미칠지 생각하며 두려워한다. 한번 선택하면 특정 상황에 장기간 내맡겨질 것이고, 잘못된 선택으로 인해 무기력의 방에 들어갈 수도 있기 때문이다. 그리하여 어떤 결정이 옳은지 계속 생각하게 되고, 혼란은 가중된다.

시몬도 그런 경우다. 그는 계속해서 직업을 바꾸고 있지만, 이거다 싶은 일을 찾지 못했다.

> 4년째 고정적인 일을 하고 있는데도 마음속으로는 계속 헤매요. 뭔가 새로운 것을 떠올리고는 '맞아, 바로 이거야!'라고 생각하죠. 하지만 얼마 가지 않아 다시 의심이 찾아와요. 그리고 다시 처음으로 돌아가 고민을 시작하죠. 진로 고민은 정말 힘들어요. 잘못된 선택을 할까 봐 두렵거든요. 새로운 계약서에 막 서명을 해놓고서도 말이에요.

혼란의 방에 있으면 위의 시몬처럼 결정을 내려놓고서도 머릿속 한켠에서는 의심한다.

'그것이 옳았을까? 더 나은 것은 없을까?'

우리는 결코 우리가 있는 곳에 도착하지 못한다. 지금 여기가 결여된다. 우리는 이미 친구에게 더 자주 연락을 하지 못해서 죄책감을 느꼈던 헬레네를 만난 적이 있다. 그런데 헬레네는 죄책감의 방뿐 아니라 혼란의 방에도 자주 드나든다. 다른 사람들도 연관된 사안에서는 유독 결정 내리는 걸 힘들어한다.

　　나 개인적으로는 원하는 걸 잘 알아요. 하지만 다른 사람을 함께 고려해야 하는 경우는 혼란스러워져요. 그러면 다른 사람들이 어떻게 생각할까 고심하게 되거든요. 올바르게 결정하고 싶기 때문이죠. 많은 사람들이 관계된 결정일수록 더 힘들어요. 그러면 다른 사람들을 배려하느라 내가 원하는 걸 확실히 말하지 못해요. 원래 나 혼자만 관계된 일일 때는 이런 일이 없어요. 두 사람의 의견이 서로 다른데, 대표로 내가 결정해야 할 때면 내가 선택하는 걸 상대가 싫어하지 않을까 걱정이 되죠. 모두에게 좋은 결정을 내려야 한다는 책임감이 느껴져요.

　　혼란의 상태로 말미암아 헬레네는 건망증까지 생겼다. 종종 여러 가지 것을 동시에 해야 하고, 생각이 여기저기 건너뛰어야 하기 때문이다. 그러면 내적으로 아주 뒤죽박죽되어 의사소통에 구멍이 뚫리고 혼란이 가중된다. 그래서 명확한 입장을 밝히지 않고, 이곳저곳에 다 책잡히지 않기 위해 모호하게 이야기를 하다 보면 결국 주변 사람들까지 헷갈리게 만든다.

　　혼란의 방에 들어간 사람은 자신의 결정을 의심한다. 스스로 신뢰하지 않기 때문이다. 종종 자기 내면의 진실보다 주변 사람을 더 믿는다. 예전 동독의 운동선수였던 카타리나는 부모에게 배운 것과 지금 자신의 가슴이 하는 이야기 사이의 간극으로 인해 혼란스러워했다.

낡은 관습과 내 가슴이 원하는 것이 달라서 모순이 빚어졌어요. 뭐가 옳고 뭐가 그를까? 어디가 오른쪽이고 어디가 왼쪽일까? 어떤 사람은 이렇게 말하고, 어떤 사람은 저렇게 말하고…. 정말 헷갈렸어요. 난 뭘 원하지? 난 하나만 옳을 수 있다고 생각했어요. 올바른 답이 있고 난 그걸 찾아야 한다고 말이에요!

타이는 "여러분이 가진 행복에 대한 관념이 바로 여러분을 불행으로 인도할 수도 있습니다!"라고 말하곤 했다. 모든 삶의 영역에 이런 고정관념이 뻗어 있을 수 있다. 불행한 결혼인데도 이혼은 절대 안 된다는 생각도 그런 고정관념일 수 있으며, 자신에게 가장 맞는 일이 있으며 반드시 그걸 찾아야 한다는 생각도 고정관념에 불과할 수 있다. 이런 생각에 고착되어 있으면 헷갈리고 괴롭다.

혼란의 방에 있으면 결과에 대한 두려움이 너무 커서 결정을 자꾸 미룬다. 드미트리의 경우 사생활과 직업적으로 내려야 할 결정들이 기다리고 있지만 그는 마비된 듯한 느낌이다.

지금 하는 일이 마음에 들지 않지만 다른 결정을 하기가 두려워요. 한번 결정하면 더 이상 되돌릴 수 없다는 두려움이 커요. 머릿속에 계속 생각들이 맴돌고, 마비된 듯한 느낌이에요. 결정해야 할 일들을 옆으로 치워놓고, 무시하고 있죠. 다음 주나 다음 달 정도 결정을 내려야지 해요. 하지만 벌써 오래 그렇게 미루고 있어요.

혼란의 방에서 빠져나오기

가슴보다 이성의 생각을 더 많이 신뢰하기에 혼란이 빚어진다. 행복에 대한 모든 표상과 생각들을 제쳐놓고 내적 진실을 듣기 시작하면 삶은 단순해진다. 가슴을 따르면 아무것도 그르칠 수 없고, 잘못할 수 없다. 이제부터는 좋게 '생각되는 것'에 우선순위를 두지 말고, 가슴을 따라 좋게 느껴지는 것을 해보라.

하지만 무엇이 좋게 느껴지는지 어떻게 알 수 있을까? 자, 당신이 우리 집에 왔고, 내가 당신에게 "차 드실래요, 커피 드실래요?"라고 묻는다고 하자. 어디서 그 답을 찾을까? 당신이 삶에 대한 모든 질문의 답을 얻는 곳에서 찾으면 된다. 바로 가슴 말이다. 물론 기준은 늘 *지금 여기에서* 좋게 느껴지는 것을 선택하는 것이다.

"차 드실래요, 커피 드실래요?"

무엇이 좋게 느껴지는가?

좋은 생각이 아니라 좋은 느낌을 따르라.

당신이 아파서 의사가 수술을 권한다고 하자. 당신의 가슴은 뭐라고 말하는가? 수술을 하라고 하는가, 하지 말라고 하는가? 당신은 또 다른 의사를 찾아가고, 동일한 질환으로 고생하는 사람들에게도 물어볼 것이다. 하지만 이런 조사가 끝나면 지금 현재 당신에게 무엇이 좋은 느낌을 주는지를 보기 위해 가슴으로 향해야 한다. "커피 or 차?"

그런 다음 일단은 수술을 안 하기로 결정할 수도 있다. 하지만 반년 뒤에는 다른 느낌이 올 수도 있다. 그러면 그때 의견을 다시 바꾸면 된다. 우리는 늘 '지금 여기'에서만 결정을 내리므로 5분 뒤에 어떤 것이 좋게 느껴질지 알지 못한다. 직업이나 배우자 관계에서의 결정도 마찬가지다. 사표를 내야 할지, 배우자와 헤어져야 할지 지금 여기서 고민하고 결정을 실행에 옮긴 뒤, 다시 의심이 든다면 그다음으로 어떻게 할지 마음 챙김으로 다시 느껴보면 된다. 미래를 알 수는 없다. 그러나 가슴을 따라갈 수는 있다.

어떻게 결정해야 하는지 정말 모를 경우, 마음을 고요히 하고 응답이 올 때까지 기다리라. 자아보다 더 높은 자기self가 이미

올바른 길을 안다고 신뢰하라. 이것이 예수 그리스도의 말 "나의 뜻이 아니라 당신의 뜻이 이루어지이다"가 의미하는 바다.

카타리나는 갑자기 임신하여 아이를 낳아야 할지 고심하면서 가슴으로부터 결정한다는 것이 어떤 느낌인지 경험했다.

> 아이를 낳아야 할지, 지워야 할지 정말 헷갈렸어요. 그래서 게오르크, 당신의 충고를 따르기로 했죠. 일단 결정을 대기시켜 놓고 어느 순간에 응답이 올 거라고 믿었어요. 그러자 시종일관 존재했지만 내가 얼이 빠져 있어 전혀 들을 수 없었던 음성이 갑자기 아주 크게 들렸고, 순간적으로 모든 것이 명확해졌어요! 갑자기 결정이 너무나도 단순하게 여겨졌어요. 그래서 내가 이 존재를 그냥 보내버리기로 결정했을 때 (좀 이상하게 들릴는지 몰라도) 나는 심지어 열광했어요. 마음이 편했고, 이런 결정에 고개가 끄덕여졌죠. 물론 아쉽기도 하고, 슬프기도 했어요. 하지만 이런 선택을 해야 한다는 걸 확신했죠.

대부분의 것들은 저절로 결정이 내려진다. 작은 에고나 이성이 결정하게 하지 말고, 더 큰 것을 신뢰하는 가운데 편안하게 기다려라. 고요한 마음으로 가슴의 음성을 듣는 것을 배울수록 두려움이나 걱정에 결정의 주도권을 넘기는 일이 없을 것이다. 신체가 무엇을 먹고 싶은지, 언제 움직이고, 언제 자고 싶어 하

내가 생각하는 내가 진짜 나일까?

는지를 알게 될 것이며, 내면의 끌림에 따라 누군가에게 전화를 할 것이고, 좋은 느낌을 따라 책을 읽기도 하고, 삶에서 더 큰 변화를 도모할 시간도 분별할 수 있을 것이다.

하지만 조심하라. 이 부분을 읽으며 '좋아, 좋아. 이제 원하는 대로 할 수 있겠네!'라는 생각을 한다면, 혹시 그런 생각이 탐욕이나 오만, 결핍에서 나오지 않았는지 점검하라. 기억하라. 정말로 (에고가 아니라) 본래적인 자기 자신과 접촉하려 한다면 두려움, 분노, 결핍으로부터 자유로워져야 한다. 이것이 핵심이고 전제다. 그럴 때라야 당신은 무엇이 진실이고, 무엇이 정말 좋은 느낌인지를 알 수 있다.

따라서 마음 챙김 작업을 건너뛰어서는 안 된다. 우선 내적 자유에 이르러야 한다. 마음 챙김 4단계가 도움이 될 것이다. 이 단계는 아직 정확히 설명하지 않았으므로 여기서 설명하려고 한다. 일단 다시 살펴보자. 기억이 나는가?

마음 챙김의 4단계

1. 지금 여기로 돌아오기

2. 상황을 있는 그대로 다정하게 지각하기

3. 있는 그대로 받아들이기

4. 새로운 방향으로 나아가기

마음 챙김 4단계: 새로운 방향으로 나아가기

이미 자세히 살펴본 마음 챙김의 세 단계는 일단 내적인 자유에 이르는 작업이었다. 그 단계들은 당신을 다시 물처럼 흐르게, 또는 (더 낫게는) 기체 형태로 만들어준다. 마지막 마음 챙김 4단계는 주의의 방향을 다룬다. 당신은 어디로 가고자 하는가? 무엇이 당신의 진실인가? 하지만 이 단계를 실행하려면 일단 앞의 세 단계를 밟아 자유로워져야 한다. 집합 상태를 변화시켜 상태가 더 이상 굳어 있지 않아야만 에너지가 새로운 방향으로 움직일 수 있다. 두려움, 걱정, 분노, 화, 결핍, 탐욕으로부터 자유로울 때 어디로 향하고 싶은지, 어디로 향해야 할지 알게 될 것이다.

이어 새로운 방향으로 나아가기 시작하면 당신은 이제 새로운 주파수로 진동하기 시작하며, 이 주파수는 신체, 감정, 이성, 에너지 등 전 시스템에 영향을 미친다. 당신은 새로운 분위기를 호흡하고 다르게 행동하기 시작한다. 하지만 정말로 새로운 활동을 펼치려면 (모든 것과 마찬가지로) 새로운 진동을 훈련해야 한다. 그리고 훈련을 하기 위해서는 우선 어느 정도 단호함이 있어야 한다. 언어나 악기, 혹은 운동을 배울 때 습관을 들이기 위해 처음에 어느 정도 스스로를 극기해야 했던 것과 마찬가지다.

가령 더 이상 결핍의 주파수로 진동하지 않고 *지금 여기*가 이미 충만함을 깨달아 이제 풍요의 주파수로 진동하고자 한다면,

이런 새로운 느낌을 가능하면 잘 유지하라. 새로운 풍요의 진동을 당신 안에 만들어내고 이를 계속 반복하라. 호흡하는 공기의 충만함, 태양빛의 충일함을 지각하라. 곳곳에서 충만함을 만나라. 장기적으로 이런 새로운 진동이 당신의 삶을 변화시키고, 자연스럽게 새로운 경험을 선사해줄 것이다. 최종적인 방향은 넓은 의식 상태로 살아가는 것이다.

어떤 느낌이 드는가
"커피 or 차?" 결정 앞에 설 때마다 이성이 아닌 감정을 따르라. 물론 사실들을 점검하고 참작하는 것은 중요하다. 하지만 그건 가슴도 안다. 가슴은 더 높은 지성을 따른다.

새로운 방향으로 나아가라
자신이 질적으로 어떤 삶을 살고 싶은지, 어떻게 진동하고 싶은지를 발견하라. 그리고 의식적으로 그쪽 방향으로 나아가라. 삶의 곳곳에서 충만함과 기쁨과 맑음과 감사와 고요를 발견하라. 이 느낌으로 진동하라.

혼란의 방 들여다보기

상태

이 상태에서는 의심과 생각, 감정이 뒤죽박죽이다. 잘못된 결정을 내릴 수 있다는 두려움 때문에 명확한 생각에 이르지 못한다.

믿음의 문장들

- 뭘 해야 할지 모르겠어.
- 누구랑 함께 해야 할지 모르겠어.
- 어디로 가야 할지 모르겠어.
- 다른 뭔가가 옳을 거야.
- 뭔가를 그르칠지도 몰라.
- 이것이 잘못된 결정일 수도 있어.
- 실수를 할지도 몰라.
- 무엇이 맞는 것일까?
- 다르게 했어야 했는데!

감정

- 붕 떠 있는, 짜증스런, 절망스런, 수동적인, 화나는, 심란한, 방향을 잃은, 혼란스런, 의기소침한, 마음이 무거운, 우울한, 고독한
- 잘못된 결정에 대한 두려움, 죄책감·열등감·무기력의 방에

떨어지지 않을까 하는 걱정, 미래에 대한 두려움, 후회

행동 패턴

- 결정을 내리지 못하거나 계속 결정을 변경시킨다. 모든 것을 여러 번 캐묻는다. 어쩔 줄을 모르고, 우유부단하고, 무엇이 옳을까 계속 새롭게 재고하고, 엄청 신중하다.
- 토론을 많이 한다. 확신을 추구한다. 계속해서 무엇이 맞는 것인지를 알고자 한다.
- 이미 내려진 결정을 비판한다. 과거를 유감스러워한다.
- 건망증이 심하다.

출구

- "커피 or 차?" 무엇이 더 좋게 느껴지는가? 좋게 생각되는 것이 아니라 좋게 느껴지는 것이 중요하다.
- 본인이 살고자 하는 새로운 삶의 질적 특성을 지향하라.

열 번째 방

무
기
력
의 방

고통은 삶의 자양분이다.
성장을 위해 이를 활용하라.
연꽃은 대리석 위에서 자라지 않고
더러운 물속에서 자란다.

_틱낫한

무기력의 방에 있으면 세상을 더 이상 이해하지 못한다. 절망 가운데 모든 것이 의미가 없고, 더 이상 삶을 오래 견딜 수 없을 것 같은 기분이 된다. 마비된 듯하고, 자신과 다른 사람에게서 잘려나간 듯한 느낌이 들며, 답답하고 몸이 무겁고 일이 손에 잡히지 않는다. 깊은 고독감은 이런 황량한 방의 오래된 동반자다. 전반적으로 우울하고, 희망이 없으며, 두려운 나머지 일에도 무관심해진다. 그러면 모든 것을 그냥 견디다시피 하고, 파괴적인 감정을 견디기 위해 일종의 가수면 상태에 들어가 넋을 잃고 있기 십상이다.

이런 방에서는 동경이 강해질 수 있으며, 고통을 덜기 위해 약물에 손대는 일도 빈번하다. 신체적 통증, 불안장애, 우울증에서 자살 충동까지 야기된다. 무기력의 방은 다른 어떤 방보다 고통스럽게 느껴지므로, 이런 상태에 빠질까 봐 두려워하는 마음 또한 크다.

집에서 부모님과 함께하면서 나는 내가 다른 별 출신인가 보다 했어요. 인간이 어떻게 그처럼 폭력적으로 행동할까 이해가 가지 않았어요. 아무 일도 아닌데 손찌검을 했고, 나는 다음번에 또 그러리라는 걸 알고 있었죠.(밀레나, 40대 중반)

종종 아무것도 할 수 없는 기분이었어요. 이혼 직전에도 그랬어요. 완전히 마비되다시피 했죠. 그럴 때면 어릴 적 트라우마가 올라와요. 친척 집에 맡겨진 채 상황을 전혀 변화시킬 수 없는 아이처럼 느껴요.(휠야, 50대 초반)

무기력의 방에 어떻게 빠져들까

무기력의 방에 들어가는 사람은 외적인 사건에 무기력하게 내맡겨져 있다고 느끼며, 생각과 감정에 압도당한다. 때로는 세계정세에 대한 뉴스를 듣는 것만으로도 그런 일이 일어난다. 일이나 인간관계에 출구 없이 갇혀 있는 느낌도 무기력을 불러일

내가 생각하는 내가 진짜 나일까?

으킨다. 하지만 보통은 다음과 같은 트라우마적 체험으로 인해
자꾸만 이 방으로 들어가는 경우가 많다.

- 사랑하는 사람의 상실
- 사고, 강한 통증, 중대한 질병의 진단
- 재정적 파탄, 실직, 주거 상실
- 학대, 성폭행, 폭력의 경험
- 전쟁, 박해, 고문, 피난

오래전에 받았던 충격이라도 어떤 요인을 통해 현재에 되살
아나곤 한다. 심리학에서는 이를 '외상 후 스트레스 장애PTSD'
라 부른다. 그러면 당사자는 (지금 여기에서) 당시와 비슷한 감
정을 경험한다. 당시의 신체적·정신적 증상이 동반되고, 예전
에 습득한 행동 패턴이 새롭게 나타난다. 내면의 아이를 돌보는
작업에서 살펴보았듯이 옛 감정들을 솟구쳐 오르게 하는 트리
거를 통해 그렇게 될 수 있다.

외상 후 스트레스 장애는 다양한 수단을 통해 작동된다. 옛
감정에 통제권을 넘겨줬음을 전혀 의식하지 못하는 경우도 많
다. 스쳐 지나가는 이야기로 무슨 소식을 들었는데 그 소식이
트라우마적 상황을 상기시킬 수도 있고, 파트너가 아무 생각 없
이 한 행동이 (다른 사람들이 보기에는 정말 아무렇지도 않은 행동

인데) 당신 안에서 쓰나미를 유발할 수도 있다.

네 살 적에 오랜 기간 병원에서 지내야 했던 페터는 성인이 된 지금, 날씨만 흐려도 벌써 어릴 적 기억들이 작동하여 무기력의 방으로 직행한다. 그동안 그것을 의식하고 그 방문턱까지 갔다가 돌아서서 나오는 경우도 종종 있지만, 때로는 그 상태로 더 깊이 미끄러져 들어간다.

아침에 일어나서 '아, 또 이 상태가 되었구나.' 하고 깨닫곤 해요. 의식적으로 주의를 기울인 이래, 바깥 분위기에 좌우된다는 걸 알았어요. 날씨가 회색빛으로 칙칙한 날이면 어릴 적 병원에서 아버지랑 헤어지던 기억이 떠올라요. 병원에 다니러 왔다가 가는 아버지에게 내가 손을 흔들고 주차장에서 아버지가 차를 타고 가버렸던 기억…. 의식하지 못하고 그 감정에 깊이 빠져들면 완전한 무기력이 찾아와요. 체념, 출구 없음, 희망 없음…. 정말 우울해요. 그러면 이런 생각이 들어요. "인생은 더 이상 의미가 없어. 내일보다 오늘 끝나는 게 더 나아."

밀레나는 어릴 적 아버지로부터 심하게 학대당했다. 아버지에게 얻어터지지 않고 지나가는 주가 없을 정도였다. 아버지가 술 마시고 들어오면 특히나 그랬다.

내가 생각하는 내가 진짜 나일까?

아기 때부터 시작되었어요. 아버지가 허리띠를 손에 들면 내가 곧장 울음을 그치는 걸 아버지는 우습게 생각했대요. 겨우 돌 지났을 때부터 그것이 효과를 보였다는군요. 나이를 몇 살 더 먹었을 때 내게 앵무새가 있었어요. 아버지가 나를 때리면 앵무새가 늘 우리 사이를 날아다녔어요. 나를 구타에서 보호하기 위해서였죠. 아버지는 이런 상황을 재미있게 생각했죠. 지금의 불면증은 어릴 적 마음 졸임에서 연유된 것이 틀림없어요. 아버지가 외출한 밤이면 나는 아버지가 돌아와서 또 체벌을 하리라는 걸 알았어요.

이 시기 밀레나의 반복되는 생각은 '나는 이해할 수 없다.'는 것이었다. 그녀는 아버지의 잔인함 앞에서 무기력에 빠졌고, 인생이 허무하게 생각되었다. 이런 무기력의 상태는 오늘날 무엇보다 배우자 관계에서 다시금 작동되곤 한다.

배우자 관계에서 이해할 수 없는 일이 끼어들면 어릴 때처럼 무력해지고 당황스럽게 느껴요. 가령 남편이 거짓말을 한 걸 알게 되면 신뢰가 와르르 무너지는 듯한 느낌이 들어요. 그러면 신체적으로 무감각하고 마비된 듯한 느낌이 들고, 더 이상 아무 일도 할 수가 없어요. 자동차가 내게 달려드는데 나는 가만히 있는 것처럼 몸이 잔뜩 굳어지지요.

이미 결핍의 방에서 만났던 휠야 역시 터키의 친척 집에 남겨졌던 시절을 떠올리면 온몸이 마비되는 기분이다. 어느 상황에 방치된 듯한 생각이 들 때면 무기력의 방으로 입장하고, 그러면 아무것도 할 수 없는 아이가 된 듯한 기분이 된다. 일에서도 마찬가지다.

일을 하며 무시당한 듯한 기분이 될 때가 있어요. 있으나 마나 한 사람이 되는 느낌이라고 할까요? 부당한 대우를 받을 때도 있고요. 하지만 생활비를 벌어야 하니 일을 그만둘 수는 없고, 이 일에 목을 맬 수밖에 없지요. 그러면 옛날의 그 무력감이 느껴져요. 여기에 있기 싫지만 갈 수도 없는 상황이고…. 이러지도 저러지도 못하는 상태지요. 그런 상태가 되면 목에 뭐가 걸린 듯한 느낌이 나고, 옴짝달싹할 수 없는 기분이에요. 마비된 것처럼요. 희생자가 된 기분으로, 능력을 제대로 발휘할 수가 없어요. 상사, 동료가 나를 좀 배려해주었다면 더 좋았을 텐데요.

무기력의 방에서 빠져나오기

에고의 집에 있는 모든 방에서는 한 가지 공통된 증상이 나타난다. 스스로를 희생자로 경험한다는 것이다. 무기력의 방에서도 마찬가지다. 자신에게 안 좋은 일이 일어났다는 것에 신경을 쓰거나(이럴 때는 스스로를 과거의 희생자로 본다.), 아니면 앞으로 안 좋은 일이 일어날지도 모른다고(미래의 희생자) 생각하기 때문이다. 그렇다고 과거를 억압하거나 부인하라는 이야기가 아니다. 하지만 현실을 인지하라. 과거는 지나갔다! 지금 여기에서 당신은 희생자일 수 없다. 당신에게 일어난 일은 지나갔다! 비로소 5분 전에 그런 일이 있었을지도 모른다. 하지만 그럼에도 그것은 과거다. 이제 당신은 어떤 식으로 계속할 것인지를 결정할 수 있다. 책임을 질 수 있다. 일어난 일에 대한 책임은 없을지도 모른다. 하지만 *이 순간* 그 일들을 어떻게 대하고, 어떻게 다룰지는 100퍼센트 당신 책임이다.

휠야는 스스로를 희생자로 보는 걸 중단하기 시작하면서 무기력의 상태를 벗어버렸다. 그녀는 능동적이 되었다.

희생자의 함정에 빠졌다는 것을 의식했을 때 나는 행동에 돌입했어요. 나는 내가 할 수 있는 것이 무엇일까 생각한 뒤 사무실을 리모델링했어요. 더 아늑하게 근무할 수 있게끔 했지요. 그러자 동료들이 내게 와서 눈을 둥그렇게 뜨더니 "언제부터 여기 근무했지?"라고 하는 거예요. 그들은 내가 부서를 옮긴 뒤 정말로 나를 처음 눈여겨본 것이었어요. 그 뒤 새로운 여자 상사가 부임했고 나는 그녀에게 대화를 신청했어요. 아주 솔직하게 지금까지 했던 일을 협상

테이블에 올렸어요. 내 담당 업무를 제대로 인정해주지 않으면 다른 일을 할 각오가 되어 있다고 말했죠. 그 이래로 탁월하게 진행되고 있어요. 상사는 다른 직원들 앞에서 내 등을 두드리며 격려를 해요. 그러나 가장 중요한 것은 내가 회사에 남아 있다는 것, 그리고 그것이 내 주체적인 선택이라는 거예요! 나는 내가 왜 여기에 남았는지 알고 있고, 이 선택을 책임져요. 그래서 이젠 더 이상 무기력한 느낌이 들지 않아요.

우리는 종종 트라우마를 경험한 뒤 괴로워하는 사람들을 의식하면서 심한 트라우마를 경험한 뒤에도 행복하고 만족스럽게 사는 사람들은 간과할 때가 많다. 회복 탄력성 연구는 어떤 사람들은 심한 운명의 타격에도 어째서 흔들리지 않고 살아가는지 묻는다. 전쟁, 고문, 자녀의 죽음, 중병, 폭력적인 경험 뒤에도 새로운 삶으로 나아가는 사람들이 많이 있다. 그들은 트라우마 경험으로 말미암아 더 성장하고, 자신과 같은 어려운 경험을 하는 다른 사람들을 돕는다.

트라우마와 같은 힘든 상황을 어떻게 취급하는가는 스스로 취하는 관점과 시각에 달려 있다. 특정 사건을 어떻게 판단하는가를 결정하는 건 당신의 지각이다. 그리고 당신은 두 힘, 즉 주의와 믿음의 협연으로부터 이런 관점을 만들어낸다.

당시 아버지가 형들을 데려가지 않았더라면 나는 오늘날 마음 챙김 수업을 하며 다른 사람들이 힘든 감정에서 빠져나오도록 돕지 못했을 것이다. 우리는 아직 오늘 하루 힘들었던 문제가 삶에서 어떻게 긍정적으로 작용할지를 알지 못한다. 하지만 그런 경험이 최소한 자기 자신과 타인에게 더 친절하고 공감을 갖게 할 수도 있지 않은가. 틱낫한은 이렇게 말한다.

"고통은 삶의 자양분이다. 성장을 위해 이를 활용하라. 연꽃은 대리석 위에서 자라지 않고 더러운 물속에서 자란다."[12]

휠야처럼 지금 여기에 책임을 지면, 당신은 무기력하지 않고 움직이게 된다. 그러면 더 이상 과거에 얽매이거나, 미래를 두려워하지 않게 된다. 밀레나 역시 경직에서 벗어나 행동함으로써 무기력의 방을 떠났다.

나는 의식적으로 들숨과 날숨을 쉬고, 신체를 움직여요. 그것이 도움이 된다는 걸 이젠 알고 있어요. 신체적인 것이 굉장한 역할을 하더라고요. 그래서 나는 떨치고 일어나 사우나를 가곤 해요. 내면의 관찰자도 중요해요. 나는 관찰자의 시각으로 봄으로써 무기력의 방과 거리를 취하고 무기력의 방을 그냥 지각하죠. 그밖에 친구들에게 놀러가 실컷 수다를 떠는 것도 도움이 돼요. 나는 사람을 만나요. 이것도 역시 운동의 일종이죠. 전에는 그렇게 할 수가 없었어요.

페터도 시간이 흐르면서 주의를 조절하고 관리하는 것을 배웠다. 이를 통해 옛 생각들이 더 이상 힘을 발휘하지 못한다. 혼자이며 버림받았다는 생각이 떠오르면 그는 마음 챙김을 해야 한다는 걸 안다. 그것이 자신의 생각이 아니며, 주의를 어디로 기울일지 매 순간 새롭게 선택할 수 있음을 또한 알고 있다.

이 순간에 희생자로 남아 있을 이유가 없음을 깨달으면 자유를 누리는 것이 가능하다는 것을 알게 될 것이다. 자유, 행복, 만족은 늘 존재한다. 그러나 이들을 보지 못하는 한, 그것들은 당신에게 영향을 미치지 못한다. 이것이 의식의 기적이다. 모든 것은 이미 존재한다. 하지만 그것들을 인식할 때 비로소 그것을 활용할 수 있다.

실제적인 연습

고통을 자양분으로 활용하라
- 과거를 있는 그대로 받아들이고 해방시켜야 한다. 아직 용서하지 못한 사람들이 있으면, 판단 목록을 만들고 이를 바이런 케이티의 The Work로 점검하라.(오만의 방을 보라.)
- 어떤 요인으로 말미암아 과거가 다시 자극되어 용솟음칠 때 그것을 알아채라. 당신이 경험한 것은 지금 여기와 아무 상관이 없는 것임을 의식해야 한다.
- 지금 여기에서 당신의 삶을 책임지고 움직이기 시작하라. 가능하

　　내가 생각하는 내가 진짜 나일까?

면 운동이나 요가를 하라. 물론 산책을 하거나 제과점까지 걸어갔다 오는 것만으로도 좋다. 가능한 한 에너지를 흐르게 하라.

- 삶을 신뢰하라. 우리는 현재의 경험이 나중에 어떤 열매를 맺게 할지 알지 못한다.

- 웃음은 양분이다. 상황에 대해, 무엇보다 자기 자신에 대해 웃을 수 있으면, 더 이상 에고의 방에 갇히지 않게 된다. 웃음 요가를 하거나 웃음이 나는 영화를 보라.

무기력의 방 들여다보기

상태

무기력의 방에는 무력감과 절망감이 지배한다. 그곳에 있으면 사건, 요구, 감정에 의해 마비된 듯 모든 것을 의미 없게 느낀다.

믿음의 문장들

- 이건 너무 심해.
- 난 견딜 수가 없어.
- 모든 것이 의미 없어.
- 난 아무것도 할 수 없어.
- 난 더 이상 할 수 없어.
- 더 이상 하고 싶지 않아.

감정

- 외로운, 고립된, 우울한, 마비된, 희망 없는, 마음이 무거운, 짓누르는, 절망적인, 답답한, 지친, 무력한, 어찌할 바를 모르는
- 상황, 혹은 다른 사람들의 손아귀에 방치된 느낌

행동 패턴

- 경직되거나 마비된다.
- 포기하고 그냥 될 대로 되라는 마음이다. 행동 능력이 없고,

내가 생각하는 내가 진짜 나일까?

무관심하다.
- 슬퍼한다. 속으로 바라는 것을 동경한다. 꿈꾼다. 가수면 상태에 빠진다.
- 약물 소비, 자살 충동 등이 있다.
- 외상 후 스트레스 장애와 비슷한 행동을 보인다.

출구

- 있는 그대로의 과거를 받아들인다.
- 과거를 되살아나게 자극하는 트리거를 알아챈다.
- 지금 여기의 삶을 책임진다.
- 운동, 능동적인 태도, 형상화를 통해 무력감에서 벗어난다.
- 삶을 신뢰한다. 우리는 현재의 경험이 자양분이 되어 나중에 어떤 열매를 맺게 할지 결코 알지 못한다.
- 웃는다. 상황에 대해, 무엇보다 자기 스스로에 대해 웃을 수 있으면, 더 이상 에고의 방에 갇혀 있지 않게 된다.

나는 내 생각과 다르다

나는 생각한다. 고로 나는 존재하지 않는다.

_틱낫한[13]

흙, 불, 물, 바람과 하늘…
당신은 그중 아무것도 아니다.
자유롭고자 한다면 깨달으라.
당신은 자기 자신이라는 것을,
그 모든 것의 증인이며
지각하는 가슴임을.

_아시타바크라 기타(Ashtavakra Gita)

지금까지 우리는 에고의 방들을 죽 둘러보았다. 살아오면서 독자들 역시 통제의 방에서 죄책감과 오만의 방을 거쳐 무기력의 방에 이르기까지 각각의 방에 들어가본 적이 있었을 것이다. 이성이 만들어내는 생각들을 믿었고, 당신의 주의도 그것들을 따랐다. 그리하여 부지불식간에 이런 열 개의 함정 중 하나에 걸려들곤 했을 것이다. 일단 그런 방을 들어가면 의식은 그 방을 지배하는 분위기와 진동에 동화되고, 각각의 상태에 해당하는 생각으로 인해 최면에 걸릴 것이다. 그리하여 스스로를 그 방에 맞는 존재로, 즉 열등하고, 모자라고, 잘못이 많은 사람으로 느꼈을 것이다. 이런 감정들이 당신으로 하여금 특정한 행동을 하도록 몰아갔을 것이다. 그리하여 분노로 인해 다른 사람들을 공격하기도 하고, 죄책감을 느껴 퇴각하기도 했을 것이다.

그러다가도 어느 순간 이런 최면 상태에서 깨어나면 그 방에서 주의를 거둘 수 있었을 테고, 그러면 갑자기 에고의 방에서 경험했던 강한 감정이나 신체 느낌이 사라졌음을 확인했을 것이다. 물론 당신을 그 방에 사로잡히게 했던 관점과 시각도 갑자기 공중분해되었을 것이다.

그러는 동안에 당신은 에고의 상태와 어느 정도 거리를 둘 때만이 최면에서 깨어날 수 있음을 알게 됐다. 최소한 주의의 일부는 그 방을 떠나야 한다. 어떤 방에 계속 머무르면 당신은 그 분위기에 매몰되지만, 주의가 그 상태와 거리를 두기 시작하는 순간 당신은 악몽에서 깨어난다. 그러면 그 영화의 주인공뿐만이 아니라 동시에 관객이 될 수 있다. 그래서 영화 스토리에 그냥 흡수되는 대신, 스스로와 이야기를 관찰할 수 있다. 주의를 움직여 에고의 방들과 더 거리를 둘수록, 그 방들의 스모그를 덜 호흡하게 되고, 더 많은 자유를 얻게 된다.

거리를 만들어내는 것은 자신을 자신 옆에 세우는 것이다. "나는 내 옆에 선다."는 표현은 마음 챙김 연습에서 통용되는 것으로, 마음 챙김 2단계에 속한다. 있는 그대로를 *다정하게 지각하는 것*이다. 여기서 당신은 범인이나 희생자가 되는 대신 증인이 된다. 어떤 상황과 거리를 두기 위해서는 당신의 주의나 내적 증인이 최소한 부분적으로 자유롭고 평정심이 있어야 한다.

평정심은 아무래도 좋은 것이나 무관심하고 냉담하고 시니컬한 것이 아니다. 당신의 이성이 무관심하고 냉담한 상태가 되지 않도록 주의하라. 평정심은 늘 태연하고, 중립적이고, 사려 깊고, 마음을 챙기는 상태다. 증인석에 서긴 했는데 선입견이 있고 자유롭지 않음을 지각한다면, 이런 증인으로부터 거리를 취해야 한다. 그 증인은 아직 당신이 추구하는 고요한 관찰자가 아니기 때문이다.

"나는 내 옆에 선다."는 문장은 두 개의 '나'를 상정한다. 하나는 집 밖에서 관찰하는 나(당신의 증인)이고, 하나는 에고의 방에 동화되어 앉아 있는 나다. 자, 이제 이렇게 묻자. 이 두 개의 나 중 어떤 나가 더 진짜일까? 어떤 나가 정말 나일까? 관찰하는 자아일까, 최면 상태에서 영화를 찍는 자아일까? 둘 모두 진짜일까, 아니면 그중 아무도 진짜가 아닐까? 여기서 헷갈리더라도 이성을 따라 혼란의 방으로 들어가지는 마라.

나는 누구일까

처음 세상에 왔을 때 당신은 아직 순수하고 맑은 의식을 지니고 있었다. 아직 제한된 시각들을 가지고 있지 않았고, 아무것과도 동화되지 않은 상태로, 순결하고 자유로웠다. 그 무엇에 대한 생각도 판단도 없었다. 이런 순결하고 순수한 의식은 이름도 성별도, 종교도, 성적 지향도, 피부색도, 국적도 알지 못했다. 그것은 우주와 하나였다. 파라다이스에 있었다.

하지만 태어난 이래 자꾸 외부의 음성들이 늘어났다. 외부의 음성들은 당신에게 이름을 속삭이기 시작했다. 처음에 그것은 당신에게 무의미하게(아무렇지도 않게) 다가왔다. 그러나 외부의 음성들은 그 이름을 계속 반복했고, 목소리들은 당신을 훈련시켜 독립적인 인격으로 만들고자 했다. 우주와 연합되어 살던 존재는 이런 음성들에 안내되어 합일을 벗어버리고 차츰차츰 개성적인 존재가 되어가기 시작했다. 이 개성적인 존재는 자신과 세계에 대한 특정 생각과 표상들을 믿었고, 꿈을 꾸기 시작했다. 이름과 이야기를 받아들였다. 스스로를 생각, 감정과 동일시했으며, 그렇게 페르소나persona(그리스어로 '마스크'라는 뜻이다.)가 탄생했다. 이 페르소나가 당신의 에고다.

유년 시절 대부분의 사람들은 상대적으로 고요한 내면 상태에 있었다. 머릿속에서 이성과 에고가 여물기까지는 몇 년의 세월이 필요하기 때문이다. 하지만 어느 시점부터 그것들은 발달해서 생각과 걱정의 매듭을 돌리기 시작했다. 초등학교 1, 2학년쯤에 비둘기가 구구거리는 소리를 듣고, 하늘, 구름, 나무와 하나가 될 수 있었던 기억이 난다. 하지만 생각이 점점 커졌을 때 나는 오랫동안 새소리를 듣지 못하고, 머릿속에 울리는 걱정

과 두려움의 소리만 들었다. 에고가 통제권을 넘겨받았고 나는
파라다이스를 떠나온 것이다.

이성이 당신을 날아가도록 하기 전에
당신은 파라다이스에 있었다.

에고의 형성은 두 번째 탄생이라 할 수 있다. 전에는 주의가
자유롭게 무한히 넓은 곳으로 뻗어나갔다면, 이제는 작은 점에
집중된다. 의식은 쪼그라들어 그 시점부터는 "나는 어떠어떠한
사람이야. 나는 이런 페르소나야."라고 믿었다. 오늘날 일상 가
운데 '나'라고 이야기할 때 보통은 이런 페르소나의 시각에서
이야기하는 것이다. 전에 당신은 우주였다. 그런데 오늘날에는
폐소공포증을 느낄 만한 에고의 방들 어딘가에 거주한다. 최소
한 에고는 당신으로 이를 믿게 한다. 광활함과 넓음은 예나 지
금이나 존재한다. 그러나 당신의 주의가 인질로 잡혀 있다. 이
것은 당신이 100퍼센트 믿는 꿈과 같다. 깨어난 다음에야 비로
소 그것이 진짜가 아니었음을 깨닫는다.

　지혜로운 이들과 깨달음을 얻은 이들은 예부터 삶은 꿈이라
고 말해왔다. 에고가 동일시하는 모든 것은 꿈이다. 그것은 현
실이 아니다. 그것이 (밤의 꿈처럼) 이성에 의해 만들어지기 때
문이다. 당신이 자신, 혹은 세상에 대해 믿는 모든 것과 모든 시

각은 언제든지 바뀔 수 있다. 이름, 직업, 의견, 심지어 성별까지도 당신이 한동안 입은 의상일 따름이다. 그러나 당신은 이런 옷이 아니고, 그보다 훨씬 더 큰 존재다!

스스로가 누구인지 알아야만 에고가 동일시하는 꿈에서 깨어날 수 있다. 그러나 스스로가 누구인지는 이성을 수단으로 해서는 알 수 없다. 그 반대다. 이를 파악하려면 우선 이성을 제쳐야 한다. 대부분의 경우 바로 이것이 문제다. 이성은 당신 자신이 몸, 감정, 생각과 동일시해주기를 바라기 때문이다. 이성은 당신이 몸이며, 감정이며, 생각이라고 믿어주기를 바란다. 그래야 페르소나가 유지되고 에고가 살아남기 때문이다.

철학자 르네 데카르트의 "나는 생각한다. 고로 나는 존재한다."라는 말은 이성 중심의 세계관이 얼마나 황량한지를 보여준다. 이 말은 인류가 이성에 얼마나 많은 힘을 부여했는지를 말해준다. 데카르트는 이성을 통한, 즉 에고를 통한 자기 지각 외에 다른 자기 지각은 받아들이지 않았다. 그러나 이성에 이렇게 전적으로 힘을 부여하는 것에 대한 대가는 참으로 크다. 도구가 정신적 지도자가 되기 때문이다. 틱낫한은 자신의 강연에서 데카르트의 말 "나는 생각한다. 고로 나는 존재한다."를 종종 "나는 생각한다. 고로 나는 존재하지 않는다."로 뒤집었다. 우리가 이성과 거리를 취할 수 없는 한 우리는 생각의 인질로 남고, 자기 자신이 진정 누구인지 볼 수 없기 때문이다. 당신은 어린

내가 생각하는 내가 진짜 나일까?

아이의 손을 잡듯이 이성의 손을 잡고서 당신 스스로가 이성이 계속해서 끌고 들어가려 하는 상태가 아님을 보여주어야 한다. 이성에게 당신이 진정 누구인지를 보여주어야 한다.

수만 년 전부터 이성은 우리의 주의를 어떤 대상에 집중시키도록 호도하고 있다. 지각 영역으로 들어오는 대상은 외부 사람과 사물일 뿐 아니라, 무엇보다 자신의 생각, 감정, 신체 느낌이다. 보통 당신은 이렇게 지각 영역을 거쳐가는 여행객들에게 주의를 고착시킨다. 이성의 제안에 따라 고분고분하게 한 대상에서 다음 대상으로 뜀뛰기를 하며, 이를 통해 에고의 집 방들 가운데서 자신을 잃어버린다.

우리는 보통 우리 스스로를 이런 대상들로 이루어진 집적물이라고 믿는다. 그러나 정확히 보면 이 모든 외적, 내적 상태들(당신의 생각, 감정, 신체 느낌)이 끊임없이 변한다는 것을 알게 될 것이다. 모든 것이 오고 간다. 그러나 당신은 오고 가는 존재가 아니다. 당신은 계속 그곳에 존재한다.

감정이 곧 당신일까

어제 이 시간에 당신은 어떤 감정을 느끼고 있었는가? 아마 더 이상 기억이 나지 않을 것이다. 하지만 해당 시점에 감정은 생생했고, 경우에 따라 굉장히 중요했을 것이다. 우리는 과거에 지금으로서는 이해 안 가는 감정을 느끼기도 했다. 가령 당신은 오래전 누군가에게 홀딱 반해 정신을 차리지 못했을 수도 있다. 지금은 단 한마디도 섞고 싶지 않은 사람에게 말이다. 당신의 모든 감정은 왔다가 한동안 머물러 있다가 다시 간다. 따라서 당신은 당신의 감정일 수가 없다. 당신은 늘 여기에 있기 때문이다. 당신이 감정이라면 당신은 이미 감정과 함께 떠나갔을 것이다.

몸이 곧 당신일까

막 태어났을 때 당신은 지금과는 완전히 다른 몸을 가지고 있었다. 지금 그때의 몸은 전혀 남아 있지 않다. 대략 7년이 지나면 우리 몸의 세포는 모두 새롭게 대치된다. 지금까지 세포들은 죽 그렇게 해왔다. 게다가 당신은 수술을 통해 신체의 일부분을 교환할 수도 있고, 성을 바꿀 수도 있다. 하지만 그럼에도 당신은 여전히 여기에 있을 것이다. 당신의 몸은 끊임없이 변한다. 따라서 몸이 곧 당신인 것은 아니다!

생각이 곧 당신일까

이성은 하루 대부분의 시간을 (종종 밤에도 쉬지 않고) 생각, 관념, 아이디어들을 퍼붓는다. 이런 것들 또한 왔다가 간다. 당신은 몇 년 전에 특정한 정치적 견해를 강하게 신봉했지만, 지금은 오히려 그 반대편에 서 있을 수도 있다. 따라서 당신은 생

내가 생각하는 내가 진짜 나일까?

각이나 이념이나 관념이 아니다. 치매에 걸려서 이름조차 잊어
버린다 해도 당신은 여전히 당신으로 남아 있다.

진정한 자기 자신을 발견하다

이제 처음의 질문으로 돌아가보자.

"나는 내 옆에 선다. 어떤 내가 진짜일까?"

에고의 방과 동화되어 꿈을 꾸고 있는 내가 진짜일까, 아니면
상태 밖에 서서 관찰하는 존재가 진짜일까? 부처에서 틱낫한까
지, 라마나 마하르시로부터 에크하르트 톨레까지 영적 스승들은
수천 년째 이런 질문을 탐구할 것을 권해왔다. "나는 누구일까?"
이것은 가장 중요한 질문이며, 깊은 명상에 들어가는 질문이다.
이 진실을 탐구하는 것은 생각을 동원해 주먹구구식으로 할 수
있는 것이 아니다. 지금 여기에서의 자기 경험이 필요하다.

진정한 자아에 주의를 기울이면

우주를 바라볼 수 있다.

틱낫한은 자기 자신에 대해 이야기할 때 '나'라는 1인칭 대
명사 대신 3인칭을 사용했다. "타이는 차가 마시고 싶습니다.",

"타이는 오늘 아침 걷기 명상을 했습니다."라는 식으로 말이다. 에크하르트 톨레가 깨달음을 얻던 날의 이야기를 떠올려보라. 그는 "나랑 같이 살 수 없는 나는 누구일까?"라는 질문을 한 순간 깨달음을 경험했다. 이런 의식의 거장들은 우리가 '나'라고 부르는 페르소나를 거리를 두고 관찰한다. 자신들이 자신의 에고가 아니며, 그로써 대상이 아님을 알기 때문이다.

따라서 당신이 생각이나 감정처럼 왔다가 가는 존재가 아니라면 당신의 주의를 시종일관 관찰하는 심급(지각의 원천, 증인)에게로 보내야 할 것이다. "나는 누구일까?"라는 질문에 대한 명상은 스스로 에고에서 벗어나서 지각하고 주의를 진정한 자기 자신, 즉 순수한 의식으로 향하게 하는 것이다.

진정한 자기는 시종일관 존재한다. 이를 깨닫기 위해 시각의 방향만 바꾸면 된다. 관찰되는 대상이 아닌 대상을 관찰하는 내적 심급에 주의를 돌려야 한다. 그러면 당신은 더 이상 객체가 아닌 궁극적인 주체를 본다. 지각 영역 자체를 보는 것이다. 보이는 것에 끌려 들어가지 말고, 보고 있는 주체적 심급에 주의를 기울여야 한다.

일상이 평온하고 기쁨과 행복을 느낀다면, 당신은 에고의 방들을 떠나 정원으로 나간 것이다. 대부분의 사람들이 추구하는 영역이 바로 이곳이다. 하지만 의식의 대가들은 진정한 자유를 경험하기 위해 이런 정원도 뒤로하고 한 걸음 더 나아간다. 그

내가 생각하는 내가 진짜 나일까?

러면 더 이상 에고가 힘을 쓸 위치에 있지 않고 지고의 자기 자신과 합일된다.

지각의 대상이 중요한 것이 아니다. 지각 자체가 본질이다.

자, 이제 나머지 텍스트는 명상하는 식으로 읽어주길 부탁한다. 이를 위해 간간이 눈을 감거나 한 문장을 (그 말을 진정으로 받아들이기까지) 반복해야 할 것이다. 템포를 늦추고, 지금 여기로 돌아오기 위해 호흡을 주시하라. 긴장하지 말고, 편안하게 머무르는 가운데 호흡을 주시해야 한다.

이제 내적 관찰을 '파노라마 시각'에 맞추고 주의를 넓혀라. 전 지각 영역을 의식하라. 당신은 지각 영역에 들어오는 모든 것을 눈으로 보고, 느끼고, 촉감으로도 느낄 수 있다. 그럼에도 당신은 지나가는 대상을 쫓아가지 않는다. 떠오르는 생각, 감정, 신체 느낌을 지각한다. 하지만 그것들은 이제 그다지 당신의 관심을 끌지 않는다. 당신은 오는 것들을 억압하거나 방어할 필요가 없다. 그저 그것들을 계속 주목하지 않을 따름이다. 시선을 그런 대상에 집중시키지 말고, 주의를 넓은 곳에 머물게 하라.

옆 테이블에서 솔깃한 대화가 들려도 이 순간 그에 얽매이지 마라. 목소리나 사건에 휩쓸리지 않으려면 약간의 단호함이 필요하다. 이런 단호함은 순간순간 새롭게 놓여야 한다. 주의가 다른 곳을 헤매거나 세부적인 것에 낭비되고 있음을 느끼면 주의를 다시 넓은 지각으로 데려오라. 주의를 돌리고 인도하는 연습을 하라. 지각의 대상이 중요한 것이 아니라 지각 자체가 본질적인 것이다. 관심은 지각에 두어야 한다. 그곳에 당신이, 진정한 자기 자신이 있기 때문이다. 주의를 파노라마 모드로 두고 스스로가 지각 영역임을 알아채라. 당신은 넓다. 당신은 순수한 의식이다. 이것이 당신 자신이다.

그에 대해 당신은 뭐라고 말할 수 있을까? 그것은 형식을 띠고 왔다가 가는 대상이 아니다. 이런 넓음은 비어 있고 고요하다. 하지만 그것은 죽어 있지 않다. 그 반대다. 그것은 순수한 생명이다.

관찰하고 알아채라. 이 넓음(진정한 자신)은 판단하지 않고 뭔가와 동일시되지 않는다는 것을! 이 넓음은 남성적이지도 여성적이지도 않으며, 젊지도 늙지도, 병들지도 건강하지도, 성공적이지도 덜 성공적이지도 않다. 시간도 초월한다. 진정한 자기 자신은 모든 상태를 뛰어넘는 상태다. 지각의 영역에서 생각이 떠올라도 순수한 의식은 그것에 영향 받지 않는다. 강한 생각의 소용돌이가 지나가도 넓음은 넓음으로 남는다. 무한이 오고 가는 것에 영향 받지 않듯이 태풍도 넓음에 영향을 미치지 못한다. 일본 선불교의 스승 반케이盤珪는 진정한 자신을 '태어나지 않은 존재'라 칭한다. 태어나지 않은 존재라 한 까닭은 넓음은

내가 생각하는 내가 진짜 나일까?

태어나지 않고 오고 갈 수 없기 때문이다.

　당신은 진정한 자신을 잃어버릴 수도 없고, 찾을 수도 없다. 그것은 늘 함께하기 때문이다. 진정한 자신에 이르려면 스스로가 에고(마음 상태, 자아상, 판단, 생각)임을 믿는 걸 중단해야 한다. 오고 가는 대상으로부터 주의를 거두는 것을 배우라. 당신은 왔다가 가는 것이 아니다. 시종일관 존재하고, 보는 것이다. 아시시의 성 프란치스코는 "당신이 늘 찾던 장소는 바로 당신이 내내 서서 보고 있던 바로 그 장소다."라고 했다. 주의를 그리로 가져가면, 우주를 볼 수 있다. 부처의 눈으로 보고, 예수의 심장으로 본다. 이 장소에서 당신은 '스스로를' 발견한다. 고요와 사랑 속에, 자유와 평화 속에 쉼을 얻는다.

실제적인 연습

관찰하고 알아채라
당신의 주의를 넓음 가운데로 데려가라. 눈을 감고 싶을지라도 시선을 파노라마에 맞추라. 당신은 생명을 가지고 있지 않고, 당신이 곧 생명이다. 당신은 순수한 의식이다(진정한 자기 자신이다.). 이를 늘 새롭게 연습하라. 당신의 일상에서 그것을 살아 있게 하라.

감사의 말

부정적인 감정을 방치하지 않고, 제가 도울 수 있도록 기회를 허락해주셨던 모든 분들에게 감사합니다. 특히 이 책을 위해 기꺼이 인터뷰를 해준 분들에게 깊은 감사를 전합니다. 여러분이 저를 믿어주지 않았다면 이 책은 탄생하지 못했을 것입니다.

틱낫한과 플럼 빌리지 명상 공동체에도 진심 어린 감사를 전합니다. 당신들 덕분에 '마음 챙김'이라는 놀라운 선물을 알게 되었고, 멋진 작업을 배울 수 있었습니다.

다음 분들의 사랑과 우정, 도움에 감사를 표합니다.

엄마 & 하랄트, 안네 프롭스트, 아네테 친칸트, 안톤 유리나, 베아타 코리오트, 베른트 치글러, 팝 라이 형제, 팝 루우 형제,

내가 생각하는 내가 진짜 나일까?

클라우디아 크뤼거, 크리스티네 베스터만, 다그마 키젤바흐, 다니엘 하아제, 에릭 브링크만, 게오르크 레스틀레 & 트라이안 단시우, 게르디 슐테, 하이디 슈타인 & 한스 멘징크, 얀 슈미트, 얀 지베, 유디트 헤네만, 율리 파나기오토폴로우 & 게오르기오스 미샬로디스, 위르겐 마스, 카이 클레멘트, 칼 그루니크, 멜라니 침머, 미할리스 & 야니스 롤로스, 나타샤 & 카르스텐 슈방케, 파고니스 파고나키스, 페터 에비히, 페트라 나겔, 자비네 묄케, 비 응히엠 자매, 수잔네 루프레히트, 스탄 베르스피크, 틸케 플라텔 도이어, 우테 딜.

마지막으로 이 책이 탄생하기까지 부드러우면서도 명확한 조언으로 함께해준 프란치스카 모어펠트와 디아네 칠리게스에게 감사를 전합니다.

미주

1   Interview in englischer Sprache von 1959, 29:34, unter: https://www.youtube.com/watch?v=2AMu-G51yTY [Stand: 04.09.2018].

2   Mth. 18.3.

3   Worte von Thay, die ich in Plum Village oft gehört habe.

4   BBC Parkinson 1998, 17:24, unter: https://www.youtube.com/watch?v=tCWJI4O72dM [Stand: 04.09.2018].

5   BBC Documentary, 08:26, unter: https://www.youtube.com/watch?v=TjpkutFYCMk [Stand: 05.09.2018].

6   Vgl. Eckhart Tolle: Jetzt. Die Kraft der Gegenwart, Kapitel, *ZurEntstehung dieses Buches*, J. Kamphausen 2010.

7   Unter www.thework.com/deutsch findest du weitere Informationen [Stand: 03.01.2019].

8   Thich Nhat Hanh: Innerer Frieden, äußerer Frieden, Kapitel 5, Theseus 1987.

9   Vgl. z. B., *Wir müssen beginnen, die Krim zurück zu Russland zu holen*, 09.03.2015, unter: https://www.sueddeutsche.de/politik/putin-zur-krim-annexion-wir-muessen-beginnen-die-krim-zurueck-zu-russland-zu-holen-1.2384310 [Stand: 03.01.2019].

10 Vgl. unter: https://www.washingtonpost.com/politics/2018/09/04/president-trump-has-made-false-or-misleading-claims-days/?utm_term=.76d719a30ff1 [Stand: 03.01.2019].

11 Vgl. z. B. Hans Leyendecker: George W. Bushs größter Fehler, 17.05.2010, unter: https://www.sueddeutsche.de/politik/massen-vernichtungswaffen-george-w-bushs-groesster-fehler-1.381428 [Stand: 03.01.2019].

12 Worte von Thay, die ich in Plum Village oft gehört habe.

13 Worte von Thay, die ich in Plum Village oft gehört habe.

참고 문헌

- Byrom, Thomas: *The Heart of Awareness. A Translation of the Ashtavakra Gita*, Shambala, 2001.
- Byron Katie: *Lieben was ist. Wie vier Fragen ihr Leben verändern können*, Arkana, 2002.
- Dies.: *Eintausend Namen für Freude. Leben in Harmonie mit dem Tao*, Goldmann, 2012.
- Korioth, Beata: *Goodbye Stress! Halte die Welt an, atme und finde zurück in deine Kraft*, Arkana, 2018.
- Kornfield, Jack: *Frag den Buddha–und geh den Weg des Herzens. Was uns bei der spirituellen Suche unterstützt*, Kösel, 2018.
- Ders.: *Das weise Herz. Die universellen Prinzipien buddhistischer Psychologie*, Arkana, 2008.
- Ders., Feldmann, Christina: *Geschichten des Herzens*, Arbor, 2013.
- Maharashi, Ramana: *Sei was du bist! Die wichtigsten Lehren des großen indischen Weisen*, O. W. Barth, 2010.

- Mooji: Weiter als Himmel, *größer als Raum. Das Buch der inneren Befreiung*, O. W. Barth, 2018.
- Plattel-Deur, Tilke: *Die Kunst der integrativen Atemtherapie. Ein Buch, um das Leben von Therapeuten zu erleichtern und ihre Klienten zu inspirieren*, Design Pavoni, 2009.
- Thich Nhat Hanh: *Ich pflanze ein Lächeln*, Goldmann, 2007.
- Ders.: *Versöhnung mit dem inneren Kind. Von der heilenden Kraft der Achtsamkeit*, O. W. Barth, 2011.
- Tolle, Eckhart: *Jetzt! Die Kraft der Gegenwart*, J. Kamphausen, 2010.
- Ders: *Eine neue Erde. Bewusstseinssprung anstelle von Selbstzerstörung*, Arkana, 2015.
- Waddell, Norman (Hg.): *Die Zen-Lehre vom Ungeborenen. Leben und Lehre des großen japanischen Zen-Meisters Bankei Eitaku(1622–1693)*, O. W. Barth, 1988.

내가 생각하는 내가
진짜 나일까?

초판 1쇄 발행 2020년 2월 24일
초판 2쇄 발행 2022년 2월 7일

지은이 | 게오르크 롤로스
옮긴이 | 유영미
펴낸이 | 한순 이희섭
펴낸곳 | (주)도서출판 나무생각
편집 | 양미애 백모란
디자인 | 박민선
마케팅 | 이재석
출판등록 | 1999년 8월 19일 제1999-000112호
주소 | 서울특별시 마포구 월드컵로 70-4(서교동) 1F
전화 | 02)334-3339, 3308, 3361
팩스 | 02)334-3318
이메일 | tree3339@hanmail.net
홈페이지 | www.namubook.co.kr
블로그 | blog.naver.com/tree3339

ISBN 979-11-6218-092-1 03180

이 도서의 국립중앙도서관 출판예정도서목록(CIP)은 서지정보유통지원시스템 홈페이지
(http://seoji.nl.go.kr)와 국가자료공동목록시스템(http://www.nl.go.kr/kolisnet)에서
이용하실 수 있습니다.(CIP제어번호: CIP2020004837)